퇴직,
일단 걸었습니다

* 책 속에 등장하는 다음과 같은 QR코드를 스마트 기기의 관련 어플리케이션으로 스캔하시면 저자가 선곡한 음악을 감상하실 수 있습니다.
(QR코드는 일본 및 여러 나라에서 DENSO WAVE INCORPORATED의 등록상표입니다.)

퇴직,
일단 걸었습니다

조정선 지음

수다

시작하며

이제, 출발이다! 여기는 서울역

1984년 1월 1일, MBC에 라디오PD로 입사해 어언 36년 10개월을 다녔다. 신년 하례식이 열린 정동 문화체육관에서 사령장을 받았던 게 불과 며칠 전의 일 같다. 플로어 테이블에 놓인 다과를 떨리는 손으로 수줍게 집어 먹고, 이내 라디오국 사무실 이곳저곳을 돌아다니며 선배들에게 인사를 했던 기억도 생생하다. 양주의 연수원에서 신입사원 교육받을 때 담력을 키워준다며 어설프게 세워놓은 공포의 집 세트장에서 처녀귀신의 넋두리를 들었던 해프닝도 떠오른다.

"무서워하는 척이라도 하셔야지, 이러면 우리가 우스워지잖아요!"

입사 동기생들과 국제극장 뒤 생맥줏집에서 술값 시비가 붙어서, 광화문 파출소로 가서 시시비비를 가렸던 일은 잊으려 할수록 더욱 또렷해진다.

선배 PD와 진행자의 다툼으로 입사 8개월 만에 PD로서 데뷔했던 〈이종환의 디스크 쇼〉는 일찌감치 라디오 연출자로서의 보람과 기쁨을 안겨주었다. 특히 매주 일요일 FM 스페셜 〈디스크 쇼 공개방송〉은 인기가 아주 많아서, 밤새워 편집하면서도 힘든 줄을 몰랐다. 다만 잠이 부족하니 새벽에 정동 MBC 근처의 목욕탕 신세를 지곤 했는데, 어느 날은 욕실 쪽이 아닌 반대편 거울로 들어가려다가 크게 부딪혀 이마에 혹이 난 적도 있다. 그때 거울 속으로 들어갔더라면 데이비드 카퍼필드 이상으로 인기를 끌지 않았을까.

프로그램 정기 개편으로 DJ가 바뀌게 되었는데 이를 사전에 여유 있게 통보하지 못해 30년 내내 원수가 된 일이 있는가 하면, 내가 발굴한 숨은 가요들이 크게 히트하여 가수의 운명이 달라지는 모습에 가슴 뿌듯해한 일도 있었다. 광고 누락 등 각종 방송 사고를 일으켜서 징계를 먹은 일, 신선하고 나름 획기적인 아이디어로 특집 행사나 프로그램을 만들어 사내외 수상을 한 일, 파키스탄의 재난 현장에서 취재 및 구호 활동에 참여한 일, 북한 평양에 출장을 가서는 사이보그처럼 녹음기를 부착하고 하프마라톤을 달리면서 인터뷰를 시도했던 일 등도 기억에 남는다. 보직부장을 걷어차고 스스로 팝송 프로그램의 DJ로 나선 일도 나름 재미있었다.

그사이 결혼을 했고, 아이들도 태어났다. 1년간 해외로 장기 연수도 다녀왔고, 일본에서 1년 동안 사업 부문 MBC 지사장 일도 했다.

2차 세계대전과 한국전쟁에서 명성이 높았던 맥아더는 "노병은 죽지 않고, 다만 사라질 뿐Old soldiers never die, just fade away이다"라는 명언을 남겼다. 그는 군인의 명성을 등에 업고 정치인으로 제2의 생을 살 수 있었다. 주변의 강력한 권유에도 불구하고 그는 남은 삶을 살아가는 동안 다른 어떠한 일을 하지 않고 84세의 장수를 누리다 1964년에 세상을 떴다.

그가 얘기한 '다만 사라질 뿐이다just fade away'에 대해 문득 생각해보았다. 대부분의 사람이 자기 전문 분야에서 은퇴한 다음엔 한동안 건강하게 살더라도never die 그의 영향력은 점차 없어지게 된다. 이와 함께 후진들의 기억 속에서도 사라진다. 그것이 이치다. 떠날 때를 아는 자의 뒷모습이 아름답다는 걸 맥아더 장군은 알고 있었다.

나도 아쉬움이 많은 게 사실이다. 하지만 그냥 접고자 한다. 이제는 방송과 관련된 일은 후배들에게 맡기고, 근처에는 얼씬거리지 않도록 스스로를 다스리겠다고 맹세한다. 당분간, 아니 상당히 오래 죽지 않을 이 노병, 아니 전직 PD는 슬슬 새로운 보람을 위해 살기로 했다.

그 첫 번째 프로젝트가 동해안 해파랑길 770킬로미터 걷기. 극기, 도전, 달성, 자기와의 싸움, 모험, 챌린지 등의 하드코어한 용어는 쓰고 싶지 않다. 그저 트레킹을 하다 힘들면 쉬고, 졸리면 자고, 목마르면 마시려고 한다. 하지만 촌음을 다투는 방송 일을 오랫동안 해왔던 터라, 느긋한 여행이 이어질는지 모르겠다. 이제 출발이다!

차례

시작하며 _ 4

오륙도와 '돌아와요 부산항에' 첫날 _ 10

Beyond the Sea 2일째 _ 16

〈음악캠프〉의 추억 3일째 _ 31

우리 강산 쓰레기 쓰레기 4일째 _ 45

스마트폰 분실에 대처하기 5일째 _ 50

세상에서 가장 헛되고 아까운 시간 6일째 _ 60

Green Green Grass of Home 7일째 _ 66

스마트폰의 신박한 사용법 8일째 _ 73

퇴직금은 나를 위한 아내의 간병비 9일째 _ 78

모르겠거든 기사식당을 찾아라 10일째 _ 85

특질고 11일째 _ 96

해파랑길은 꿩 대신 닭? 12일째 _ 102

해파랑길 가요 베스트 13일째 _ 107

양이 많으세요? 적으세요? 14일째 _ 113

우리가 환상의 콤비인 이유 15일째 _ 118
강원도래요 16일째 _ 123
보슬비 오는 섬마을 선생님 17일째 _ 127
중간 점검 18일째 _ 134
해파랑길 맛집 부문 대상 19일째 _ 143
독한 술 말고 약한 술을 드시라! 20일째 _ 148
막걸리 품평회 21일째 _ 154
친애하는 윤종신 군 22일째 _ 159
세월이 더디 가게 하는 기술 23일째 _ 164
37년 회사 생활의 터닝 포인트 24일째 _ 167
나뭇잎 사이로 25일째 _ 173
나에 대해 알게 된 사실 26일째 _ 181
드디어 트레킹 종료 27일째 _ 186
해파랑길 일정을 정리하며 _ 190
마치면서 _ 203

오륙도와 '돌아와요 부산항에'
해파랑길 첫날

서울역에서 KTX로 오후 1시 52분 출발, 부산역에 도착하니 오후 4시 25분이다. 택시로 해파랑길 1코스 출발 지점인 오륙도 해맞이공원에 다다르니 오후 5시. 기념사진을 찍고 대장정 스타트! 어스름 밤의 해안 길 7킬로미터를 걸어서 광안리 입구까지 가야 내일 일정으로 잡은 27~28킬로미터에 맞출 수 있다. 오륙도를 앞에 두고, 조용필 형과 그의 대표곡 '돌아와요 부산항에'가 자연스레 떠올랐다.

실은 트레킹을 떠나기 전 오랜만에 형을 보게 되었다. 해파랑길 770킬로미터 국토 종주라는 야심 찬 계획을 애기하자 연신 "야, 부럽다. 나도 족저근막염만 아니면 며칠 따라나설 텐데, 며칠이라고? 한 달 가까이? 대단해" 하며 형답지 않은 다소 과장된 리액션을 보여주었다.

형의 말에 나는 혹시 중도에 포기하고 싶어져도 포기하지 못하겠구나, 라는 생각이 들었다. 결코 포기하지 않게 하려고 내 심장을 저격한다는 느낌을 받았다. 의지 박약한 사람이 자신과의 약속을 지키기 위해서 자주 쓰는 소심한 방법 중에 이처럼 '스스로 한 결심을 동네방네 소문내는 방법'이 있다고 들었다.

"형한테 이렇게 선언을 했으니 빼도 박도 못 하게 된 거지요. 강원도 고성까지의 긴 여정입니다. 어서 족저근막염이 가라앉아서 단 하루만이라도 같이 걸으셨으면 좋겠어요. 여행의 존재감(?)이 확 드러날 테니까요."

조용필 하면 누구든 '돌아와요 부산항에'를 제일 먼저 떠올릴 거다. MBC 라디오에서는 1980년대 중반부터 몇 년에 한 번씩 앙케이트를 통해 '한국인이 좋아하는 애창가요'를 조사하곤 했었다. '돌아와요 부산항에'는 20년 가까이 매번 1등을 놓치지 않았던 것으로 기억한다. 지난 밀레

니엄을 기념해서는 20세기 최고의 가요로 선정되기도 했다. 1999년 MBC·갤럽 공동 조사로, 2위는 '눈물 젖은 두만강(김정구)', 3위는 '아침이슬(양희은)'이었다.

'돌아와요 부산항에'에 얽힌 일화는 많이들 알고 있을 거다. '돌아와요 충무항에'라는 다른 제목으로 발표된 적이 있었다. 조용필이 김트리오 시절이었던 1972년에 통기타 반주로 부른 노래는 반응이 그다지 없었다고 한다. 그러다 크게 히트하게 된 데에는 1970년대 중반 가장 큰 사회적인 이슈였던 '재일 동포 모국 방문'이 계기가 되었다.

여기에 많이 알려지지 않은 일화 두 가지를 소개하고 싶다.

1975년에 조용필 솔로 1집 앨범에 수록된 이 곡을 들은 적이 있다면 다들 그 빈약한 반주를 떠올릴 거다. MBC 입사 전 이야기라 나도 전해 들은 것이지만, 세션 연주비가 없어서 MBC 관현악단의 수석 바이올린 주자였던 김동석 선생이 반주의 빈 구석을 혼자 애드리브로 넣었다고 한다. 음반은 오리지널리티가 얼마나 중요한지, 이후에 아무리 난다 긴다 하는 현악 4중주나 신시사이저 연주 팀을 동원해도 이 가냘픈 한 대의 바이올린 선율만 못 했다는 게 세인의 평가다. 이러한 평가에 나도 물론 동의하는 바이며, PD 생활 내내 김동석 버전만 틀었던 기억이 난다.

또 한 가지는 이 곡이 바다 건너 일본에까지 명성을 얻고 난 다음의 얘기다. 조용필은 1980년대에 일본에 본격 진출하여 여러 히트곡을 냈는데 그 모두가 흔히 말하는 트로트, 일본식의 엔카演歌였다. 1988년 서울 올림픽 개막에 맞춰 조용필은 88체육관에서 콘서트를 연 적이 있었다. 그때 일본의 여성 팬들이 대거 한국 나들이 겸 공연을 보러 왔다. 그런데 모두 기모노 차림이었다고 한다. 조용필은 첫 곡부터 록 음악만 내리 불렀으니, 일본 전통 의상을 입은 여성들이 얼마나 민망했을까. 록 밴드 퀸Queen의 공연을 보러 온 한국 팬들이 치마저고리 차림으로 객석을 채운 격이다. 아마도 여기저기서 일본어가 튀어나왔겠지. '조용필 상氏이 엔카 가수가 아니라, 록 가수였어요?'

다음의 QR코드를 통하면 바이올리니스트 김동석이 서주와 간주에 외로우면서 처연하게 개인기를 발휘한 '돌아와요 부산항에' 버전이 있으니 참고하시길.

앞서 해파랑길을 완주한 친구의 말로는, 트레킹 하면서 가장 주의해야 할 점 중 하나가 '오버페이스 하다가 숙소를 못 찾아 애먼 곳을 하염없이 걷게 되는 경우'라고 한다. 인생에만 '빽도'가 없는 게 아니라 트레킹도 마찬가지일 거다. 생각해보라. '이 산이 아닌가 봐. 먼저 산이었네'라는 심정으로, 숙소로 잡을까 망설였던 모텔로 다시 1킬로미터쯤 걸어서 돌아가야 한다면? 게다가 하루 일정을 마무리해야 할 상황에서 이런 일이 벌어진다면, 생각만으로도 끔찍하지 않나.

첫날 코스는 부산 시내여서, 묵을 만한 곳이 여럿 있을 테니 큰 걱정은 안 했다. 출발지였던 오륙도 해맞이공원에서 두 시간을 걸은 끝에, 광안리해변 입구에 있는 '갤러리'라는 모텔을 잡았다. 입구 밖에서 전화로 주인과 교섭에 들어갔다. 서글서글한 목소리의 여주인에게 회사를 그만두고 트레킹 시작했다며 묻지도 않은 얘길 먼저 던지니 빙긋이 웃으면서, 3만 원에 해주겠단다. 서울에서 왔냐며 자기도 성신여대에서 미술을 전공했다며 그 역시 묻지도 않는 걸 알려준다. 갤러리 호텔(이름은 호텔, 업태는 모텔) 강력 추천이다!

 일곱 시 반이 됐으니, 서둘러 근처 식당에서 고기 쌈밥에 막걸리를 곁들여 한 상 푸짐하게 먹었다. 술을 남기는 별일도 있었다. 모텔에 돌아온 뒤 친구는 곧장 자리에 가 눕더니 바로 코까지 골며 잘도 잔다. 나도 친구 따라 아홉 시 반 취침.

오륙도 표지판

Beyond the Sea
해파랑길 2일째

이번 해파랑길에 동행하는 친구 이해정 군을 소개하며 글을 시작한다. 해정 군과 나는 장안의 명문(?) 경희고등학교 동기 동창으로 2학년 때 같은 반이었다. 그땐 그리 친한 사이가 아니었다. 해정 군은 덩치도 작고 말수도 적은 내성적인 스타일이었고, 나 역시 그저 조용하고 소심해서 별다른 특징이 없었던 터라 교유의 접점이 그다지 없었다고 기억한다.

해정 군을 다시 만나게 된 것은 졸업 후 20여 년이 흘러 사십 대 중반이었다. 해정 군은 180센티미터를 훨씬 넘는

키에 몸도 거구가 되어 있었다. 고등학교를 졸업한 한참 뒤까지도 키가 자랐다고 한다. 그는 수다스럽고 아주 활동적인, 바람직한 모습으로 바뀌어 있었다.

해정 군의 주장에 의하면 본인이 영재라 6월생인데도 초등학교를 1년 조기 입학했다고 한다. 그런 그가 2학년 때인 여덟 살에 아버지를 여의었다. 1968년은 새해 벽두부터, 북한군 특수대인 124군부대의 청와대 습격과 미 해군의 정보수집선인 푸에블로호의 원산 앞바다 납치 사건 등으로 온 나라가 뒤숭숭할 때였다. 이때 육군 대위였던 해정 군의 부친은 작전 중에 헬기 사고로 돌아가셨다.

가장이 세상을 떠나자, 모친과 장남인 해정 군을 비롯해 네 형제의 삶은 하루아침에 나락으로 떨어졌다고 한다. 중대장 관사는 이틀 후에 올 후임을 위해 비워줘야 했다. 당시 이십 대였던 해정 군의 어머니는 사내아이 넷과 함께 강원도 강촌의 시댁으로 갔다고 한다. 이후 모친이 먼저 서울에서 직업을 얻고 이문동으로 이사하여 가족이 합칠 때까지 해정 군의 형제는 조부모 슬하에서 2년여를 지냈다.

이러한 성장 배경을 언급하는 건 사람은 환경에 지배를 받으며, 거기서 벗어나기가 여간 쉽지 않다는 걸 밝히고 싶어서다. 아무 일 없이 살다가 아버지를 졸지에 잃는 등의 큰일을 당하면, 그 충격으로 누구나 삶의 방향을 잃게 마련이다. 그런데 해정 군은 이를 훌륭히 이겨냈다. 밖에 나가 일하는 어머니를 대신하여 동생 셋을 돌보며 집안 살림을 꾸렸고, 결국에는 지금의 든든한 남편이자 아빠가 되었다.

해정 군은 자신에 대해 분석하기를 오래전부터 '모험'을 즐기거나 위험에 맞서서 헤쳐 나가기보다는 피하는 데 익숙한 듯하다고 했다. 술을 마실 때도 끝까지 가는 법이 없고, 취했다 싶으면 슬며시 자리를 빠져나온다고 한다. 심지어는 회사에서 단체로 버스를 빌려 강릉으로 놀러 갔는데, 홀로 고속버스를 타고 서울로 돌아와서 동료들로부터 비난을 샀단다. 하지만 그렇게 먼저 빠져나갈 때조차 술값은 내고 가기 때문에 친구들은 그러려니 하거나, 오히려 먼저 도망치는 걸 환영하기도 한단다.

게다가 해정 군은 어떤 다툼이 일어나도 자리를 피할 뿐 절대 끼어드는 법이 없다. 리스크 관리를 현명하게 잘하는 해정 군의 이런 생활 태도가 중견 기업에서 30여 년간 무사히 근무할 수 있게 했는지도 모른다. 입사 동기 40명 중에서 마지막 남은 두 사람 중 한 명이었다고 하니까. 그러고 보니 나 역시도 가늘고 길게, 동기생 중 마지막으로 정년퇴직하게 되었지만 말이다.

2년 전, 나보다 먼저 퇴사한 해정 군과 나는 히말라야 칸첸중가 베이스캠프에 다녀왔다. 그 무렵 우리는 꿈의 순례길 산티아고 800킬로미터 트레킹을 계획했다.

2020년 봄, 나의 안식년 첫 번째 프로그램이던 스페인행이 코로나19 때문에 무산되면서 일이 꼬였다. 나는 DJ 겸 PD를 맡고 있던 심야 음악방송을 계속하게 되었다. 해정 군은 '혼자서도 해외 잘 나가요'에서 '국내도 좋지요'로 방향을 틀었던 모양이다. 거의 매달 짧게나마 여기저기 돌아다니고 있다며 매번 문자로 내게 근황을 보내왔다. 그러다가 이번 가을 개편을 끝으로 내가 은퇴하게 되면서 우리는 마침내 이심전심 해파랑길로 의기투합하게 된 거다.

여기까지는 해정 군과 내가 어쩌다 해파랑길을 함께 걷게 되었나를 밝힌 거고, 다시 여행기를 이어간다.

대학 다닐 때 내가 불면증을 앓았다는 이야기를 하면 "예민한 성격이었나 보네요" 하며 동정 어린 반응을 보인 이들이 있었다. 그냥 낮잠을 많이 자니까 밤에 잠이 오지 않았을 뿐, 이유는 그것뿐 언제라도 난 잠을 잘 잔다.

나이가 들면 새벽잠이 없어진다는 말을 많이 들었다. 내가 정작 그 나이에 이르고 보니 사실인 것 같다. 정확히 말하면 취침 패턴이 앞당겨지는 것이다. 카페인에 예민한 이들은 저녁에 커피를 안 마신다던데, 내 경우엔 커피쯤은 그냥 빨대를 입에 문 채로도 잘 수 있다.

어제저녁엔 9시 반에 불을 껐다. 새벽 2시쯤 잠에서 깬 해정 군이 잠이 안 온다며 구시렁댔다. 분명 자기가 맞춰 놓은 알람이 울릴까 걱정되어 그랬나 보다. 알람을 설정해 놓고 잠드는 사람 중 대다수가 소리가 울리기 전에 눈을 뜬다고 한다. 알람은 어디까지나 메인이 아니라 서브다.

가끔 인체 시계가 장착되지 않은 채 태어난 사람들을 본다. 툭하면 늦고, 늦으면 핑계를 댄다. 자신은 밤 체질이라며 아침, 특히 새벽은 쥐약이라고 말한다. 하지만 그들은 낮과 밤 할 것 없이 늦거나 아슬아슬하다. 남의 속이야 터지건 말건 그들은 나름 행복하다. 잘못은 알람 시계와 때마침 일어난 교통 체증에 있으며, 이를 일으킨 남에게 있으니까.

자다 깨다를 반복하다 6시에 기상. 다행히 어제 취침 전에 빨아놓은 속옷이 뽀송뽀송 말라 있다. 우리가 묵는 606호실 옆은 다용도실인데 세탁기가 있어 마음대로 사용할 수 있었다. 나는 조깅 경력 20여 년의 노하우인 샤워하면서 속옷을 욕조 바닥에 깔아놓고 밟아 빨아 제꼈다. 빨래를 마친 다음 코를 대고 쿵쿵거려보니 어제의 퀴퀴한 땀 냄새가 사라졌다.

6시 반에 동네 목욕탕에서나 볼 법한 손바닥만 한 창구에 숙소 키를 던져놓고 밖으로 나왔다.

광안리해변을 끼고 걸어서 전날 저녁에 갔던 쌈밥집 주인이 소개해준 콩나물해장국집에 갔다. 주문한 음식이 나오길 기다리는 동안 화장실에 다녀온 친구가 "세계에서 제일 특이한 화장실일 거야"라고 목소리를 낮추어 말했다. 화장실에 가보니 과연 갖가지 기괴한 장식에다 어항 속 열대어들이 일보고 있는 내 모습을 기분 나쁘게 빤히 지켜보았다. 게다가 끊임없이 트로트 가수 김용임의 히트곡 '부초 같은 인생'이 메들리 버전으로 흐르고 있었다. 은밀해야 할 공간을 이렇게 까발리다니! 일을 보고 자리로 돌아오는데 해장국집 여주인이 친구와 실랑이를 벌이고 있었다. 뭐든 드러내길 좋아하는 성격대로 해정 군이 회갑 여행 운운했나 보다. 그러자 여주인이 누가 요즘 환갑 운운하냐고 칠순은 돼야 어쩌고저쩌고하며 쏘아붙이고 있었다. 참 별걸 다 가지고 트집을 잡고 그래. 그래서 내가 올해 몇이시냐 물었더니 64세란다. 난 최소 칠순은 넘었는 줄 알았다. 세상은 넓고 흉볼 사람은 넘쳐난다.

해안도로로 직진, 동백섬을 끼고 해운대에 들어섰다. 대학교 1학년 때, 나는 중학생 둘을 가르치고 받은 몇 푼 안 되는 아르바이트비를 챙겨서 친구와 부산으로 놀러 갔다. 다음 날 집에 돌아가야 해서 우리는 선택의 기로에 섰다. 가진 돈이라고는 서울 올라갈 차비와 숙박비 정도여서 여관에서 편히 잘 것이냐, 아니면 흥겹게 술 한잔하고 해변에서 노숙을 할 것이냐? 굳이 핑계를 대자면, 그때 해운대 백사장의 모래가 따뜻하지만 않았어도 결정을 달리했을 테지만, 결국 우리는 노숙을 택했다. 다음 날 아침 양치질은 어느 여학교 남자 선생님용 화장실에서 했었지 아마? 그때 함께 갔었던 의대생 친구는 당시 사귀던 부산의 여자 친구와 결혼해서 손주 셋을 봤는데, 난 언제 할배가 되어 보기는 하려나?

해운대 해안을 빠져나와 새로운 길로 들어서려 하니 웬걸? 해운대 마지막 횟집이란 간판과 함께 철조망이 보인다. 막다른 길이다. 해파랑길은 역사가 짧아서 그런지 이정표가 턱없이 부족하다고 느꼈다. 정말 잠깐 한눈팔았다가는 길을 잃기 십상인 곳이다. 친구에게 하릴없이 한마디를 건넸다. "우리가 해파랑길 자원봉사 팀을 하나 만들어야겠어. 이름은 '덕지덕지' 어때?" 길라잡이 안내 표지판을 덕지덕지 붙이는 일 말이다.

이윽고 겨우 찾아낸 루트는 시범 운행 중인 모노레일을 따라 조성된 가로수길이었다. 해운대에서 송정까지 이어지는데 얼추 5킬로미터는 되어 보였다. 바람이 드세긴 하지만 시원하게 펼쳐진 바다를 넋을 잃고 바라보고 있는데, 순간 'La Mer(바다)'란 샹송의 멜로디가 떠올랐다.
  내가 어렸을 때만 해도 프랑스의 샹송, 이탈리아의 칸초

네가 영미의 팝과 황금비율로 라디오 음악 프로그램을 장식했던 걸 기억한다.

그중에서 'La Mer'는 아련한 심정으로 접했던 음악이다. 특히 이 곡을 작곡하고 부른 아티스트 샤를르 트레네Charles Trenet의 오리지널 음반이 아주 오래된 것(1946년)이라, 음질은 필터가 걸린 듯 먹먹했으며(심지어는 찌걱찌걱 축음기 돌아가는 소리가 나는 듯하다) 먼 듯 가깝고 가까운 듯 멀게 들릴 만큼 음량 또한 전혀 고르지 않았다. 그런데 그것이 묘하게도 넘실대는 파도를 연상하게 하고, 저 멀리 해안선 밖의 꿈의 장소로 나를 안내한다는 느낌을 주었다. 기타 코드나 피아노 코드를 볼 줄 아는 사람이라면, 이 곡을 연주하면서 화성이 계속 바뀌는 것에 불편해하면서도 큰 재미를 느낄지 모른다.

F Dm Gm C7 F Dm Gm C7 F A7 Dm C7 F Dm Bb D7 Gm C7 F Dm G G7 C C7……

정말 쉴 새 없이 새로운 코드를 잡도록 채근하는 이 곡을, 무려 75년 전에 만들어 불렀다니 믿기지가 않는다.

'La Mer'는 1950년대에 미국으로 건너가 'Beyond the Sea'라는 다른 제목의 영어 버전으로 여러 가수가 불러 히트한 바 있다. 바비 다린Bobby Darin, 프랭크 시나트라Frank Sinatra, 조지 벤슨George Benson도 리메이크했으며, 최근에는 로비 윌리엄스Robbie Williams가 불렀는데 이 또한 크게 히트 했다.

항해가 자유롭지 못했던 시절에 사람들은 해안가에서 바다 저편을 보며 많은 상상을 했을 것이다. '저 바다 건너, 내가 사랑하는 사람이 날 기다리고 있을 거다. 언젠가 배를 타고 가서 그녀를 만나야지. 그리고 날 거기에 데려다준 선장에게, 난 더는 배를 탈 일이 없으니 당신은 떠나도 돼! 이렇게 말할 거야.'

세상에 이렇게 낭만적인 노래가 다 있다니! 오리지널 샹송 가사는 좀 다를 테지만, 나는 샤를르 트레네의 노래를 들으며 머릿속으로 영어 가사를 음미하곤 한다.

좀 모자라는 솜씨이지만, 내가 직접 기타로 반주한 조정선표 리메이크곡도 우리 가족을 중심으로 히트한 바 있다. 절레절레.

샤를르 트레네의 샹송은 다음 QR코드로 연결된다.

조지 벤슨의 노래는 다음 QR코드로 들을 수 있으며, 영어와 한글 번안 가사를 첨부한다.

Somewhere beyond the sea
바다 너머 어딘가에서
Somewhere waitin' for me
날 기다리고 있을 거야
My lover stands on golden sands
내 사랑이 황금빛 모래사장에 서서
And watches the ships that go sailin'
항해하는 배를 보고 있어
Somewhere beyond the sea
바다 너머 어딘가에서
She's there watchin' for me
그녀는 날 보고 있어
If I could fly like birds on high
내가 새처럼 높이 날 수 있다면
Then straight to her arms, I'd go sailin'
그녀의 품속으로 바로 항해할 텐데

It's far beyond a star

그곳은 별을 너머 저 멀리에

It's near beyond the moon

달 너머 그리 멀지 않아

I know beyond a doubt

난 확실히 알아

My heart will lead me there soon

내 마음이 곧 그곳으로 날 데려갈 거야

We'll meet beyond the shore

저 해안 너머에서 우린 만날 거야

We'll kiss just as before

예전처럼 우리는 키스를 하겠지

Happy we'll be beyond the sea

바다 너머 우린 행복할 거야

And never again I'll go sailin'

그리고 난 다시는 항해를 않겠지

No more sailin' So long sailin'

항해는 더는 없어 안녕

Goodbye Farewell Captain

잘 지내게나, 선장

송정 해안을 앞에 두고, 해파랑길 여권(각 지점을 통과했다는 걸 확인받는 수첩)을 확인하니 아뿔싸! 해운대에서 옛일들을 떠올리고 마천루를 감상하느라 그만 스탬프 찍는 걸 깜빡 잊고 말았다. 다시 돌아가려니, 50분 정도 '빽도'를 해야 하네. 포기! 스탬프는 뭐 보이면 찍고, 놓치면 CCTV에 찍히겠지. 이렇게 생각하니 마음이 편해졌다.

대변항으로 고고! 대변항에 도착한 우리는 맛난 점심이나 먹자, 그러고 있는데 해정 군이 김치찌개 같은 게 당긴다고 한다. 하기야 어디든 횟집뿐이니 가격도 그렇거니와 간판만 봐도 물려서 절로 고개를 젓게 되었다. 찌개집을 찾으려고 이리저리 두리번거리는데 짜장면집 간판이 눈에 확 들어온다. 이거다 싶어서 망설이지 않고 입성. 우리는 짜장면 곱빼기를 시키고 나서 해정 군이 한마디 했다.

"짜장면을 곱빼기로 먹어본 게 도대체 몇십 년 만이냐!"
짜장면이 나오길 기다리고 있는데 전화가 왔다. 조건진 KBS 전직 아나운서였는데, 곧 MBC 전직 PD가 될 내게

도움이 될 만한 얘기를 해주겠단다. 요는 발가락양말을 꼭 신고 다니라는 것! 트레킹을 시작하고 며칠은 괜찮지만, 이후에는 발가락끼리 서로 쓸려서 난리 북새통이 된단다.

전화를 받고 내 편집성 강박증이 도지고 말았다. 식사를 마치고 짜장면집을 나선 뒤로 나는 걷는 내내 발가락양말을 어디서 구하지? 그것만 생각하게 됐다. 옆에서 걷고 있던 해정 군은 "야! 없으면 대충 때우는 거지!" 하며 느긋하다. 히말라야에 함께 갔던, 부산 지인에게 연락해서 양말을 사 오라 할까? 하는 데까지 생각이 미쳤다. 아, 내가 생각해도 가끔 내가 미친 것 같았다.

이런 심정으로 한 시간 가까이 걸어 기장역에 다다랐을 때 어느 건물에 '신앙촌'이라는 간판이 눈에 띄었다. 저기다! 싶어서 들어가 물어보니 발가락양말을 사려면 조금 더 떨어진 기장시장으로 가보라고 한다. 친구는 힘들어 못 가겠다며 공원에 있는 정자에 누워 쉬고 싶다고 해서 홀로 다녀올 수밖에 없었다. 네 켤레를 1만 원에 구매하는 데 성공, 내친김에 당장 갈아 신었다.

드디어 오늘의 걷기 일정이 끝났다. 광안리해변에서 일광

해수욕장까지 33킬로미터를 무사히 소화했다. 그날그날의 트레킹 거리는 숙소에 따라 결정된다. 애초에 계획했던 하루 목표량 30킬로미터에서 3킬로미터나 초과했으니, 왠지 기본급에 보너스로 10퍼센트를 더 쳐서 받은 느낌이라 기분이 썩 좋다. 우리가 도착한 일광日光은 일본인들이 자주 가는 도쿄에서 가까운 관광지 닛코(도쿠가와 이에야스의 사당이 있는 곳)와 한자가 같아서 친근했다. 물론 '일광'이 훨씬 먼저 생긴 지명일 거다.

느낌이 괜찮은 모텔이 눈에 띄어 전화를 해보니, 해파랑길 여행자는 5천 원 깎아서 4만 원에 해준단다. 저녁으로 돼지목살에 각자 소주 한 병과 맥주 두 캔씩.

〈음악캠프〉의 추억
해파랑길 3일째

라디오 PD로 입사하여 37년 가까이 일하는 동안 많은 진행자와 일해 왔다. 그중 마음 편하게 연출자로서 기량을 한껏 발휘할 수 있었던 건 역시 대표 선수급 DJ들과 함께 일할 때였다.

MBC 라디오는 진행자를 귀하게 여기는 방송사로, 일찍이 그들의 커리어를 치하하는 시스템을 만들어 함께 성장해 왔다. 만 20년 이상 하나의 프로그램을 진행해 왔으면 골든 마우스, 10년 이상이면 브론즈 마우스를 시상한다. 그렇다면 30년 이상은? 플래티넘 마우스쯤으로 이를 기려야 하지 않을까. 언젠가 〈별이 빛나는 밤에〉 진행자 '이문세' 씨가 한마디 했다.

"〈별밤〉을 처음 맡았을 때 적어도 10년쯤, 아니 5년 이상은 해야지! 하고 생각했던 적이 없다. 그저 6개월 정도 열심히 해보자! 그 정도였다."

이 말에 나는 전적으로 동의한다. "정말 너무 하고 싶던 프로그램이다." "10년, 20년 오래 하면서 뼈를 묻고 싶다." 이렇게 말하면서 시작한 사람도 채 2~3년을 버티지 못하는 경우를 많이 보았다. 사심이 있으니 힘이 들어가고, 힘이 들어가니 듣는 사람은 부자연스럽거나 부담스럽게 느끼기 마련이어서 그런 결과가 나오는 거다.

〈배철수의 음악캠프〉!

역사에는 '가정'이란 있을 수 없으나, 가정이 가능한 상황이라면 픽션일 테다. 그래도 혹시나 가정을 해본다면 〈음악캠프〉야말로 흥미롭게 탄생한 프로그램이다. 〈음악캠프〉의 탄생부터 이후의 역사를 꿰뚫고 있는 나만의 보따리를 풀어보겠다.

여기서 잠깐 현재 JTBC 사장이자 저 옛날 방송 인생을 나와 함께 시작한 MBC 입사 동기 손석희 씨 얘기부터 해야겠다.

  손석희는 음악 애호가다. 나와는 1987년 초 몇 개월 동안 〈음악캠프〉를 함께했다. 그는 레드 제플린, 제임스 테일러, 오스트리아의 그룹 오퍼스Opus 등 다양한 아티스트를 좋아했는데 왠지 딥 퍼플Deep Purple은 외면했다. 내 기억엔 그랬다. 7시 메인 앵커 뉴스, 보도제작국에서 기획한 특집, 시사교양국의 토크쇼 등 많은 TV 프로그램이 주어졌지만, 그를 정말 행복하게 한 건 나와 호흡을 맞춘 MBC-FM 1시간짜리 팝 프로그램인 〈젊음의 음악캠프〉였을 거다. 그런데 그와 〈음악캠프〉를 3개월쯤 하던 어느 날 불행히도 느닷없는 인사 발령이 난 거다. 1층 게시판에 가보니, 아나운서실 손석희 - 발령 후 보도국, 이렇게 방이 붙어 있었다. 그때 만일 나의 동기인 '손석희'가 아나운서실에서 보도국으로 발령이 나지 않았다면, 과연 지금까지 배철수 형처럼 오랫동안 진행했으려나. 음악 프로그램 DJ란 아나운서는 할 수 있어도 보도국 기자에겐 허락되지 않는 일이 아닌가!

  그렇게 손석희 씨의 바통을 이어받은 이는 바로 지금의

SM 엔터테인먼트의 수장 이수만 형이다. 당시 이수만 형은 가수이면서 사회자로 많은 활동을 하던 터여서 음악 프로그램 DJ를 맡는 것은 자연스러웠다. 미국 유학에서 막 돌아온 이수만 형은 당시 라디오에 애정이 정말 많았다. 한번은 미국의 전설적인 DJ 릭 디즈Rick Dees를 거론하며, "〈릭 디즈의 모닝쇼〉 청취율은 말이야, TV 시청률보다 몇 배나 높다니까. 라디오도 잘만 하면 TV 따위 저리 가라야!"라며 의욕을 보였다. 그러면서 프로그램에 쓸 음향 소재들을 사설 스튜디오에서 만들어 올 만큼 열정을 쏟았다.

그렇게 라디오를 듬뿍 사랑하던 이수만 형도 자리를 오래 지키지 못했다. 손석희 씨가 자리를 비운 뒤 개편까지 잔여분 3개월과 한 팀term(6개월)쯤 함께 일했던 것 같다. 이수만 형은 1990년 초봄에 프로그램을 스스로 그만두고 만다. 이제 와서 밝히기엔 좀 망설여질 만한 이야기지만, 당시 이수만 형과 담당 PD와의 다툼이 있었다. 굳이 시시비비를 가리자면 PD의 잘못이 더 컸지만 국장 등 보직 간부들이 둘 다 잘못했어, 라며 양비론으로 몰았던 것 같다. 그러는 사이에 형은 라디오에 정나미가 떨어지게 되었는지 모를 일이다.

아무튼, 이러한 경위로 〈음악캠프〉는 새로운 구성으로 새로운 DJ를 기용해 프로그램을 혁신할 새로운 PD를 맞기로 한다. 그 역할을 맡은 이가 바로 나중에 배철수 형의 배우자가 된 박혜영 PD다.

박혜영 PD는 처음엔 배철수 형에 대해서 그다지 매력을 못 느꼈다고 했다. 애초에는 '구창모'를 염두에 두었는데, 당시에 윤 모 선배 PD가 브레이크를 걸었다고 한다. "(약간 강한 악센트로) 구창모 안 돼~! 배철수랑 해!" 실은 그 윤 모 선배 PD에게 배철수 형은 1980년대 초반 정동 MBC 시절에 함께하던 프로그램을 6개월 만에 접혔던 아픔의 동반자였던 것이다. 당시 프로그램 타이틀이 〈젊음의 찬가〉. "PD와 DJ가 함께 장렬히 전사!"라는 표현이 두고두고 회자되던 바로 그 방송이다.

구창모로 할 것인가? 'Charles Bae(배철수의 영문 예명)'를 택할 것인가? 결국, 공개 오디션을 통해 선발하기로 했고, 기준은 가창력이 아닌 가청권의 청취자에게 얼마큼 호소력이 있는가 하는 것이 관건이었다. 결과는 모두 알고 있듯이 배철수 형이 선택되었다.

"프로그램을 잘해서, 전임자의 명성을 넘어 보라고 둘을 붙여줬더니, 둘이 한 집에 붙어 살더라."

 익살맞은 선배들은 당시에 이런 식의 농담을 자주 했다. 부부가 프로그램을 함께할 수는 없는 노릇, 결혼과 함께 박혜영 PD에서 두 번째 PD로 바통이 넘어갔다.

〈음악캠프〉의 두 번째 연출자에 대해서는 별로 언급하고 싶지 않고, 그다음으로 이어받은 세 번째 PD가 바로 나였다. 정확히 1992년 9월 30일로 기억한다(원래는 10월 1일부터인데, 전임 PD가 발령 났다며 무책임하게 떠나버렸다). 그때만 해도 〈배캠〉은 위태위태한 방송이었다. 그 말은 청취율 경쟁을 하기에 그만큼 버거웠다는 거다. 조용필이 건재했고 이문세, 김현식, 변진섭 등 발라드 가수들이 음반 시장을 휩쓸었던 1990년대 초반은 FM 음악방송에서 가요 프로그램이 전성기를 구가했던 시절이었다. 그러다 보니 당시에 이런 프로그램들을 상대로 정통 팝을 표방하는 프로그램으로 타사를 이기기란 쉬운 일이 아니었다. 청취율은 고만고만했으며, 개편 때는 존립을 위협받았다. 여기에 당시 라디오 국장으로 있던 최 모 국장이 배철수 형을 이유 없이 미워한 것도 한몫했다. 내가 판단하기에는 배철수란 사람이 예의는 갖춰도 비굴하지 않으며, 호불호가 확실하고 No!를 바로 얘기하는 사람이었기 때문에 국장이 보기에는 심히 버릇없게 느껴졌던 모양이다. 1960~70년대 방송사에 들어온 PD들은 대부분 연예인, 특히 가수들을 우습게 보는 경향이 있었다. 그런 눈으로 인간 배철수를 바라보면 왜 그를 미워했는지 답이 나오기는 한다.

최 모 국장 시절 배철수 형의 가장 큰 위기는 1993년 여름휴가 때 벌어졌다. 당시만 해도 DJ가 일주일을 '통'으로 휴가를 간 전례가 없었다. 그런데 내가 DJ의 휴가 계획을 보고하자, 국장은 발끈해서 "사흘만 다녀오라고 해!"라고 했다. 부장이 읍소를 해도 안 되자, 배철수 형은 자신이 담판을 짓겠다며 직접 국장실에 들어갔다.

"외국에 예약을 해놓았기 때문에 휴가는 떠나야겠습니다. 이후에 벌어질 일은 제가 책임지겠습니다!"

국장실에서 나온 배철수 형이 퍽이나 상기된 모습으로 내게 전한 말이다. 철수 형으로선 승부수를 던진 것일 테지만, 그해 가을의 정기 청취율 조사 결과에 따라 명운이 결정될 테니 본인도 신경이 쓰이기는 했을 거다. 하지만 열심히 한 걸 청취자가 가장 잘 알아준 덕분인지 아니면 PD로서의 나의 기획력이 출중했던 것인지, 6개월 후에 〈배캠〉 프로그램은 청취율이 놀랍게 뛰어오르는 바람에 그만두라는 소리는 쏙 들어가게 되었다. 내가 아는 한 이후에는 한 번도 존립에 위기를 맞거나 그런 일은 없었던 것 같다.

그 이듬해인 1994년 봄 개편 때 나는 〈이문세의 별이 빛나는 밤에〉로 옮기게 되어 〈배철수의 음악캠프〉를 다시 맡을 기회는 없었다. 2000년 숭실대학교에서 〈배철수의 음악캠프〉 10주년 기념행사를 치렀을 때 배철수 형에게 이렇게 말했던 기억이 난다.

"형이 10년을 한 건 정말 기적이야!"

그런데 그 이후로도 20년을 더 했으니, 기적이란 말에 뭘 덧붙여야 할지 표현할 길이 없다. 그땐 철수 형이 나보다 MBC를 더 오래 다닐 줄은 상상도 못 했었다.

MBC 라디오본부 늙다리 PD들에 대한 몇 가지 분류법이 있다. 본부장(보직국장)을 해보고 은퇴하는 사람과 부장 언저리에 있다가 그만두는 사람, 방송대상을 비롯한 외부 단체의 상을 받아본 사람과 그렇지 못한 사람, 심의실 근무를 해본 사람과 해보지 못한 사람, 하지만 가장 두드러진 경력은 이거다. 〈배철수의 음악캠프〉를 맡아본 사람과 그렇지 않은 사람. 그만큼 이 프로그램에 관계한 경력이 라디오 PD로서는 큰 기쁨이다. 1990년대 초반, 프로그램이 이러저러한 풍파로 안정적이지 못했던 때에 그래도 뿌리 하나 깊이 박아보려고 노력했던 것에 나로서는 긍지를 느낀다.

이런 인연이 있는 배철수 형과 얼마 전에 사석에서 이런저런 얘기를 주고받게 되었다. 화제는 역시 '늙음'과 건강 이야기로 옮겨 갔다. 형이 역설하기를, 나이가 환갑이 지나 칠순 가까이 되면, 두 가지를 꼭 지켜야 한다고. 하나는 '목이 마르지 않더라도 물을 마셔두어라', 다른 하나는 '화장실이 보이면 크게 신호가 없더라도 일단 들러서 일을 보라'는 것이었다. 여기에 내가 임의로 추가한다면, '졸리면 열 일 제쳐두고 눈을 붙여라!'쯤 되지 않을까 싶다.

연극의 3요소를 말할 때 배우, 극본, 관객을 꼽는다. 나는 여행을 주제로 3요소를 생각해보았다. 물(식사 포함), 화장실, 잠자리가 아닐까 싶다. 이번 해파랑길 트레킹에서도 이 3요소는 유효했다. 다행히 날씨가 덥지 않아 물이 덜 먹히기는 했다. 화장실? 동해안은 해수욕장, 횟집, 유원지 등 관광객을 유치하는 업장이 즐비해서 그런지 몰라도 화장실만큼은 세계 최고 수준이라고 해도 과언이 아니다. 몇백 미터에 하나씩 화장실을 이용할 수 있는 건물이 있는데 청결도가 우수하며, 휴지나 비누 등 비치품도 완벽하다. 그 다음으로 숙소를 말하면 이제까지 2박밖에 하지 않아 일반화할 수는 없지만, 모텔은 이용료도 값싸고 주인도 친절해서 합리적이라고 느꼈다. 무엇보다 직장을 그만두고 왔다니, 동정 어린 눈빛에 디스카운트까지 팍팍 해주네.

이렇게 또 하루가 시작되어 10월의 마지막 날이 됐다. '잊혀진 계절'의 가수 이용이 대목을 맞는다던 오늘, 아침 6시 반에 모텔을 나섰다. 일광해변은 관광지라고는 하지만, 이미 여름 대목이 지난 지 오래. 썰렁한 가게들 사이에 어디 해장국 조식을 하는 집이 있으면 좋으련만 하고 막연한 기대감을 갖고 주위를 둘러보다가 '새벽밥상'이란 음식점에 불이 켜 있는 걸 보았다. 이런 기적 같은 일이! 들어가 보니 근처 건설 현장에서 일하는 이들이 함바 식당처럼 이용하는 곳이었다.

여담이지만 '함바'는 일본어다. 밥이란 뜻의 반飯, 일본어 발음은 '한'과 장소란 뜻의 장場, 일본어 발음은 '바'를 합쳐서 만든 말이다. 참고로 나는 오랫동안 이 함바를 한밭 식당으로 알고 있었다. 대전에서 시작되었다고 해서 대전의 옛이름인 한밭에서 유래한 것인 줄 알았던 것이다.

그 이른 시간에 이미 10여 명이 뷔페식 아침을 먹고 있는데, 7천 원의 착한 가격이니 망설일 필요가 있을까. 밥을 두 번이나 퍼 나르며 배를 채우니, 트레킹이 아니라 멍텅구리배의 강제 노역도 이겨낼 듯 힘이 불끈 솟았다.

아침 식사를 마치고 일광해변을 따라 북쪽으로 올라가니 저 멀리 우리가 TV에서 자주 보았던 돔dome식 구조물이 눈에 들어왔다. 바로 고리 원자력발전소. 이번 정권의 탈원전 정책으로 1호기 가동 중단을 두고 논란이 많았던 곳이다. 옳고 그름을 잘 모르겠는 나로서는 패스!

오전 10시 무렵 임랑해변을 지나는데, 커피를 뽑으러 들어간 편의점에서 해정 군이 뭔가 심봤다! 하는 득의만만한 미소를 지었다. 그가 발견한 건 택배 서비스였다. 해정 군은 새벽부터 괜히 쓸데없이 이것저것 가져와서 짐이 무거워졌다며 계속 구시렁거리던 참이었다. 그는 민완의 모습으로 어디서 얻어왔는지 골판지 박스를 대령해 당장 필요 없는 물건을 주워 담기 시작했다. 외투, 털모자, 여분의 바지, 신발, 심지어는 노래책까지 넣으니 상자가 가득했다. 저 무거운 걸 메고 여기까지 왔다니, 놀라울 따름. 나 역시 중간 두께의 패딩 하나와 비상용 칼 등을 택배 상자에 넣어 집으로 보냈다. 과연 몇 개의 아이템만 뺐을 뿐인데도 몸이 가볍고 당장이라도 날아오를 것 같았다. 게다가 월내역을 지나 들어선 곳은 해안 길이 아닌 오르막 산길이었으니, 짐을 덜어 집으로 부친 게 신의 한 수. 해정 군은 자기는 천재라느니 어쩌느니 하며, 산짐승도 낄낄거릴 소리를 연신 내뿜었다. 네가 하늘이 내린 인물이면 나랑 여기서 걷고 있겠니?

이제 부산의 끝자락인 기장을 지나 울산 울주의 서생면으로 들어선다. 소머리국밥에 반주를 곁들여 한 그릇 비우니 세상이 내 것 같다. 오늘도 별일 없으면 3시 반쯤 목적지인

진하해변에 도착하겠지? 팔다리 여전히 멀쩡하고, 발가락 양말을 신었으니 엄지발가락도 검지에게 저리 비켜라 시비 걸지 않는다. 컨디션은 쾌적함 그 자체.

그런데 해파랑길 안내 표지를 자주 놓치고, 내비게이션에 자주 의지하다 보니 외길로 쭉 가면 될 것을 지그재그로 돌아가기 일쑤였다. 여기에 간절곶을 지나고 나자 해안 길 곳곳이 공사 중이다. 그저 돌아가라고만 쓰여 있을 뿐 어디로 가야 하는지는 나와 있지 않아서, 찻길로 위태위태한 걸음을 이어가야 했다.

간절곶은 말 그대로 바다를 향해 삐죽 튀어나온 육지로 1920년대에 이미 등대가 설치되어 뱃사람들의 길라잡이 노릇을 하고 있다. 그런데 거기서 특별한 구조물을 기쁘게 보게 될 줄은 몰랐다. 바로 4년 전쯤 이베리아반도를 여행할 때 들렀던 카보다로카Cabo Da Roca다. 카보다로카(현지어로는 카보다호카로 호카곶을 의미한다)는 포르투갈 리스본에서 가까운 신트라시에 있는 유명한 기념물로서 유럽 대륙에서 가장 서쪽에 위치한 곳의 해넘이를 상징한다. 이 조각 작품을 왜 여기에 재현해 놓았는지 모를 일이다. 반도의 끝이라는 의미에서였다면, 포항의 장기곶이 더 어울리지 않을까? 그래도 오랜만에 만난 친구처럼 반가워서 기념촬영 찰각!

오늘 걷기는 4시 반에 진하해변에서 끝났다. 29킬로미터를 예상했었는데 결과적으로 33킬로미터쯤 걸었나 보다.

카보다로카

우리 강산 쓰레기 쓰레기
해파랑길 4일째

모텔Motel은 모터카 호텔Motorcar Hotel의 약자다. 그러니까 자동차로 여행하는 사람을 위한 숙박업소였다.

먼저 해파랑길을 다녀온 친구의 충고대로, 각 구간이 끝나면 적당한 모텔 간판을 눈으로 확인한 다음, 주인과 가격 담판 전화를 하는 식으로 숙소를 잡았다. 그런데 트윈 침대나 온돌방 있는 곳은 며칠 사이에 한 군데도 찾을 수가 없었다. 남정네 둘이라고 밝혔을 때 별도로 이불을 가져다주겠다는 반응이라면 감지덕지, 대부분은 침대가 넓으니 그냥 자라는 정도의 답이 고작이었다. 이토록 건전한 환갑 청년 둘에게는 너무 가혹한 일 아닌가?

이른 아침을 먹을까 하고 24시간 해장국집을 포털 검색으로 찾아보았다. 전날 저녁에 갔던 '경희국밥'이란 곳이 뜨는데, 아쉽게도 영업시간이 오전 10시부터란다. 에잇 망했다 싶어 편의점에서 컵라면과 김밥으로 때우고, 6시에 출발! 5코스와 6코스를 동시에 끝내야 해서 잠을 설쳐가며 일찍 출발한 것도 나쁘지만은 않았다.

 진하해변에서 회야강을 따라 동해선 덕하역으로 가는 코스는 평탄하고 쾌적했다. 일요일이어서인지 하천 곳곳에 새벽부터 낚시 나온 사람들이 여럿 보였다. 그런데 바로 그 앞에 있는 '낚시 금지' 안내판도 잘 읽혔다. 여기는 아직 이런 게 통하나 보지?

트레킹을 시작한 지 아직 며칠 안 되었지만, 이번에 가장 심각하게 느낀 건 우리 강산이 곧 쓰레기 더미로 변하지 않을까 하는 것이다. 문득 유한킴벌리라는 위생용품 회사에서 만들어 보급했던 캠페인 카피 문구가 떠오른다. "우리 강산 푸르게 푸르게." 이걸 패러디한다면, 우리나라 곳곳이 '우리 강산 쓰레기 쓰레기' 수준으로 전락했다. 여름 장마에 쓸려와 하천 가장자리 풀숲에 너저분하게 걸려 있는 폐비닐들이 바람 불 때마다 무당집 깃발처럼 괴이하게 휘날린다. 천변의 놀 만한 공간이면 곳곳이 쓰레기들이 비닐에 싸여 뭉텅이로 버려져 있다.

더욱 눈살을 찌푸리게 하는 건 도로변에 마구 나뒹구는 페트병, 우유 팩, 플라스틱 도시락 케이스 같은 것들이었다. 아마도 운전자나 동승자가 차창 밖으로 내던진 것이리라. 여기에 사용하다 방치한 듯한 농기구, 하천 변에서 썩어가는 과일 등등. 앞으로 지자체가 최우선적으로 해야 할 일은 마을정화사업이 아닌가 생각했다.

다소 밋밋한 하천길을 걷다 보니 18킬로미터의 5코스가 끝났는데도 오전 11시. 안내지에는 스탬프를 찍는 장소가 역 입구 우측에 있는 것으로 되어 있어 금방 쉬이 찾을 줄 알았는데 20분 이상을 헤매게 되었다. 나중에 알게 된 사실은 달포 전에 역사驛舍가 이전했다는 것이었다.

세상일이란 게 참! 머피의 법칙을 들먹일 것까지는 없더라도 왜 이런 일은 자주 일어나는 것인지. 겨우겨우 도착해보면 옮겨 가서 없고, 접수하려면 마감이 됐고, 주문할 음식을 결정하고 나면 재료가 떨어졌다고 하고, 시험 날에 사랑니가 삐져나오고 말이다. 아직 오전이니 점심 먹기도 이르고 해서, 내친김에 6코스를 향해 Go Go!

  이제는 울산의 남쪽 공장 지대를 통과해서, 선암호수공원과 울산대공원을 가로지르는 길이다.

해파랑길을 걸으려 생각했을 때 우리는 바다에서 크게 벗어난 내륙 길이나 산길을 염두에 두지 않았다. 그저 동해 해안선 따라 쭉 올라가면 되겠지 했었는데, 막상 접한 현실은 그게 아니었던 거다. 바다가 보이기는커녕 밭두렁 논두렁길에다 번화가 한복판 길이나 뽀송뽀송한 산업도로까지 다양한 길을 걸었다. 그중에는 좀 무리하다 싶을 정도로 고개를 갸우뚱하게 하는 곳도 여럿 있었다. 나는 그 이유를 이렇게 추측해보았다. 필시 해파랑길을 설계한 이에게는 스페인의 산티아고 길이 모델이었을 것이다. 따라서 그곳의 대표적인 코스인 프랑스길 800킬로 정도의 규모에 맞춰야 했을지 모른다. 통일이 안 된 남한에서 그 정도의 루트를 뽑을 수 있을 만한 곳은 없다. 그러니 내륙 쪽으로 레이아웃을 지그재그로 했겠지. 또 한 가지 가설이라면,

동해안에는 일반인의 접근을 허용하기 어려운 공장이나 또 군사 시설이 꽤 많다. 고리 원자력발전소, 현대자동차, 현대중공업 같은 곳 말이다. 이곳들을 피하려니 길을 육지 쪽으로 확장시켰겠지. 바로 이러한 극단적인 예가 6코스가 아닐까 한다.

울산 남공단을 지나면서 이건 트레킹을 위한 게 아니라 산업용 인도人道다! 라는 느낌이 들 만큼 실망스러웠다. 호수공원, 대공원, 하늘길, 태화강 전망대로 이어지는 업-다운이 굉장히 심한 산길을 무려 16킬로미터나 오르내리다 보니 갑자기 바다가 그리워졌다. 아직도 걸을 체력이 있다는 걸 알게 된 것이 소득이라면 소득이었을까. 새로 지어진 태화강 변 전망대에서 스탬프를 찍고 나니 5시 반. 어스름 밤이 도둑처럼 기어들어 온다.

오늘은 33.3킬로미터 구간을 소화했지만, 길 잃은 아이가 된 것까지 감안하면 36킬로미터는 족히 걸은 것 같다.

스마트폰 분실에 대처하기
해파랑길 5일째

세상에서 가장 소중한 게 뭐냐고 묻는다면?

그게 사람이나 좋아하는 동물 같은 생명체이든, 아니면 우리의 생활을 편리하게 해주는 물건이든, 혹은 종교적인 신념이든, 딱 하나만 꼽는다면 뭘 들 수 있을까? 아니 그런 존재들을 내게 소중한 순서로 나열해본다면?

친구의 스마트폰 분실 사건을 겪으면서, 그런 생각을 해보았다. 이제 스마트폰이란 요물은 가족이나 친구, 신앙, 애완동물, 재물 등등 모든 존재를 가볍게 넘어설 만큼 압도적으로 소중한 존재로 자리 잡은 게 아닌가 하고 말이다. 과연 스마트폰 없이 살 수 있을까?

평소처럼 오전 6시 반에 모텔을 나서 해장국집에서 국밥 한 그릇을 먹고 트레킹 재개.

 전날 일정을 끝낸 6코스 태화강 전망대 근처에 숙소가 없다는 걸 알게 되어 하는 수 없이 택시를 이용해 시내로 이동했었다. 그런데 그만 해정 군이 택시에 스마트폰을 놓고 내렸다. 아니 처음에는 어디서 분실했는지 헷갈려서 택시에 두고 내린 줄도 몰랐다. 하지만 알게 되었어도 영수증 챙기는 걸 잊어서, 망연자실! 하루 일정이 어떻게 꼬일지 나조차도 혼란스러웠다.

 정말 우리는 휴대폰 없이 지낼 수는 없는가! 친구에게 찾을 수 있을 거라는 믿음을 심어주고, 일단 침착하게 해결 방안을 의논했다. 이런 분실 경험은 나도 몇 차례 겪은 적이 있어서 과거에 어찌 대처했는지 기억을 떠올려보았다. 일단 체크카드로 결제를 했으니 다행! 포털 사이트에 '티머니 택시'란 검색어를 입력하니, 누군가 블로그에 '지갑 분실 팁'이란 걸 친절하게 올려두었다.

방법은

1. 티머니T-Money 고객센터(1644-1188)에 전화하기
2. 분실물 찾기(2번)를 선택
3. 정보 제공 동의(1번)를 선택
4. 티머니 카드 사용(1번)을 선택
5. 카드 번호를 입력 후 #버튼 누르기의 순서다.

이렇게 하고 나니, 신기하게도 방금 전 탔던 택시 번호와 기사의 연락처를 AI 비서가 친절한 음성으로 안내해주는 것이 아닌가! 번호를 메모하여 즉시 전화를 했고 기사님이 받으셨다. 기사님한테 사정 얘기를 하고 뒷좌석을 확인해 달라고 하니 바닥에 떨어져 있다고 했다. 그러면서 손님을 모셔다드리고 갈 테니까 몇십 분만 기다려 달라고 한다. 지금 그게 문제인가요? 몇 시간이라도 참을 판이지요. 천만다행으로 십여분 만에 스마트폰을 찾을 수 있었다. 친구나 나나 죽은 자식이 살아 돌아오기라도 한 듯 기쁨에 충만했다. 당분간은 세상 모든 것을 사랑할 수 있을 것 같은 마음이었다.

요즘은 스마트폰의 모델 교체 주기가 빨라져서 그런지 신제품도 불과 몇 개월이면 고물이 된다. 광고를 보면 옵션 몇 개 받아들이는 조건으로, 거의 공짜 수준의 비교적 신상품이 있지 않은가 말이다. 하지만 불과 10년 전만 해도 새로운 모델을 구입한 지 얼마 후에 잃어버리게 되면 돌아오지 않는 예가 꽤 있었던 것 같다. 그러면 그냥 자조적으로 이렇게 생각했었다. '그 녀석이 지금 서해 바다를 건너고 있을 것'이라고. 물론 분실한 나는 본의 아니게 대중국 수출의 역군이 된 셈이다. 또 2만 원의 법칙이라는 것도 있었다. 택시 등에서 분실한 휴대폰의 가치가 얼추 2만 원이 넘으면 돌려주지 않는 예가 예전에는 꽤 있었다는 뜻이다. 그 값에 중고시장에 내다 팔면 유리하니까. 하지만 그보다 값이 적게 나가는 폰은 소유자에게 돌아올 확률이 높았다. 주인에게 사례를 받는 것이 더 이익이니까(고맙다는 표시는 대개 1만 원은 적고, 2만 원은 준다). 얘기가 많이 벗어났지만 이렇게 우리는 하루 일정이 꼬일 수도 있었을 위기를 벗어났다.

자! 이제 본격적으로 태화강 휴게소를 출발! 오늘도 코스 2

개를 끝내야 했기 때문에 서둘러야 했다. 여행 계획을 느긋하게 잡았다면서 왜 30킬로씩 2개 코스를 강행군하는 거야? 이 글을 읽는 사람 중에는 그런 의문을 표할지 모르겠다. 그 이유는 그날그날의 마감을 해파랑길 50개의 코스가 아니라 숙소를 기준으로 삼았기 때문이다. 우리의 계획은 가능한 한 숙소까지의 이동도 '뚜벅이'로 하자! 정말 필요한 경우가 아니면 다른 동력에 의존하지 말자! 이런 것이라서, 코스가 끝난 지점 근처에 숙소가 없을 때는 오버해서 트레킹을 이어갈 수밖에 없었던 거다.

7코스인 태화강 휴게소에서 염포산 입구까지는 17.5킬로미터로 태화강 하구를 따라 쭉 내려가기만 하면 되는 단순 무식한(?) 길이다. 전날 고래전망대에서 태화강 쪽을 내려다볼 때 하천 변의 숲이 비현실적일 만큼 푸르고 무성하다 느꼈다. 그러면서 어떻게 개발한 지 얼마 안 된 신도시에 수령이 저토록 오래된 나무숲을 조성할 수 있었나 의아했다. 막상 내려와보니 바로 이해가 되었다. 왜냐? 대나무였던 거다.

우후죽순雨後竹筍이란 말이 있듯이 대나무는 그만큼 쉬이 자라 빠른 시간에 숲을 이룬다. 그런데 여기저기 줄기가

태화강변 대나무숲

부러진 걸 보니 관리가 쉽지 않은 것 같다. 내황교까지 10킬로미터 이상 대나무로 이어진 30리 길은 가끔은 신기했고 때로는 화려했으며 대체로 정갈했다. 하지만 이후의 길고 긴 구간은 여태껏 걸어본 길 중 최악이었다.

현대그룹 정주영 전 회장의 호를 따서 건설된 '아산로'의 인도 구간은 직선으로 6킬로미터가 이어진다. 그런데 아스팔트 평지라서 유난히 무릎 관절에 부담을 많이 받았다.

여기서 하나의 팁은 일단, 코스 안내판에 나오는 트레킹의 난이도는 현실과 다르다는 것. 대개 높낮이가 급격한 정도로 급수를 매기는데, 쉬운 코스로 되어 있는 평탄한 아스팔트나 시멘트 길이 제일 안 좋다고 느꼈다. 오히려 바닥이 고르지 못해서 오르락내리락하는 길이 걷기에는 최적이다. 그 이유는 오래 이어지는 딱딱한 평지는 몇 개의 근육만 반복적으로 쓰게 해서 쉬 피로해지고 탈이 나게 되기 때문이다. 발에 물집이 왜 생기는지 생각해보면 이해가 빠를 듯하다. 다양한 부위를 쓰면 상처나 물집 같은 건 안 생긴다.

그건 그렇고 우리가 가장 좋아하는 약간의 업-다운이

있는 흙길은 언제쯤 나오려나!

한 시간 반 이상 직선 도로를 지긋지긋하게 걷고 나서야 겨우 벗어나 7코스의 도착점인 염포산 입구에 다다랐다. 정오가 조금 넘은 시간이니 17.5킬로미터를 4시간 반 만에 주파한 셈이다. 근처 건설 현장 노동자들이 즐겨 찾음 직한 5,500원짜리 한식 뷔페를 배불리 먹고, 믹스커피까지 한 잔 마신 후에 다시 8코스로 이어 갔다.

 이번에는 염포산 능선을 가로질러 울산대교 전망대, 방어진항, 대왕암에 일산해변까지다. 돌이켜 보니 그제도 어제도 바다를 한 번도 보지 못했다. 동해를 따라 만들었다는 해파랑길에서 이틀 동안이나 내륙만 걷고 있다니. 불현듯 고개가 갸우뚱해진다.

 빨리 바다가 보고 싶다! 그리고 이제 곧 나올 거다! 널찍한 염포산 정상(해발 200미터)을 비껴가면서 해정 군이 명언을 하나 남겼다.

나: 여기까지 왔는데 정상에 올라 경치를 좀 볼까?
해정: 오를 필요 없지. 우린 관광 온 게 아니라 순례를

온 거야.

이후에 이 말은 우리의 선문답으로 계속 인용되었다.

   나: 울산대교 전망탑 엘리베이터 탈까?
   해정: 우리는 관광 온 게 아니라 순례를 온 거야.
   나: 대왕암 볼까?
   해정: 우리는 관광 온 게 아니라 순례를 온 거야.

대왕암

이 말만 주고받다가 어느새 도착한 곳은 숙소! 이렇게 8코스도 거의 끝났다.

오늘은 4만 3,910보, 31킬로미터 정도다.

세상에서 가장 헛되고 아까운 시간
해파랑길 6일째

세상에서 가장 헛되고 아까운 시간은 어떤 시간일까. 한국인은 어려서부터 한 가지 강박관념을 가지고 사는 것 같다. 시간은 반드시 생산적으로 보내야 한다는. 일이든 공부든 결과물, 소위 부가가치를 만들어내야 안심한다. 그런 기준에서 보자면, 노는 데 쓰는 시간은 헛되고 아깝다. 지금처럼 마냥 걷는 일 역시도 마찬가지.

하지만 잘 놀고, 취미를 즐기며 보내는 시간이야말로 가장 의미 있는 시간이 아닐까. 우리가 사는 목적은 결국 행복이며, 그건 생산적이라기보다는 소비적인 속성을 가지고 있다. 돈은 벌 때보다는 쓸 때 더 행복하듯이. 가끔 돈 버는 재미에 빠져 다른 건 잊고 사는 사람을 보기도 하지만 그것이 진정한 행복일까 의문이 든다.

무얼 하며 보내는 시간이 아까운지에 대해 얘기하다가 뜬금없이 펼치는 행복론이라니. 배는 산으로 가고 글은 천방지축이다.

내가 생각하는 시간 낭비의 대표적인 사례는, 자신에게 호감이 전무한 이의 마음을 잡아보겠다고, 자기편으로 만들어보겠다고 밥 사주고 선물 주고 온갖 아양을 떠는 경우다. 좋아하고 싫어하고는 이성의 영역이 아니고 감성의 영역인데 어찌 부채 의식을 줘서 마음을 잡으려 하는지. 그냥 살 게 놔두는 게 정답. 술을 안 마시는 이들은 음주하는 시간을 낭비로 느낀다. 그냥 맨 정신으로 있어도 총알처럼 지나는 세월, 그 시간이 아깝지 않니? 자주 묻는다. 술을 즐기는 나 역시나 그때만큼은 너무 향락적이고 소비적이기만 해서 아깝게 느껴진다. 하지만 술 마실 때만큼은 유쾌하게 보냈으니 밑진 건 없다. 정작 한심한 시간은 술을 마실 때가 아니라 지긋지긋하게 오래 걸리는 '술이 깨는 동안'이다. 매일 새벽에 글을 올리다가 어제는 못 썼다. 이유는 바로 숙취, 정신을 차리는 데 시간이 걸려서다.

어제 서울에서 동창 둘이 응원차 왔다. 두 친구 모두 두주 불사의 한량 스타일이라 진작부터 걱정이 됐다. 먼저 해파랑길을 다녀갔던 이의 말로는, 친구들이 내려와 일부 구간을 같이 걸어주거나 함께 먹어주는 일이 지루한 일정에서 분위기를 바꾸거나 힘을 재충전시키는 계기가 되기도 한단다. 하지만 곧잘 큰 술판으로 번져, 애초의 계획을 망치는 일이 있으니 조심하라는 충고도 곁들였다. 아니나 다를까, 우려는 현실로 나타났다.

아침 7시 45분에 대왕암 근처 일산해변의 모텔을 나왔다. 24시간 식사, 해장국이란 검색어로 포털에서 음식점을 찾아보았지만 실패. 편의점에서 라면과 삼각 김밥으로 때우고 출발! 일산 해수욕장을 벗어나니 해일 대피로 안내판이 보였다. 해파랑길은 해일 발생 시 대피할 수 있는 비상 도로와 겹치는 경우가 많기에 별다른 의심 없이 길에 들어섰다. 간간이 바다를 바라보며 20분쯤 걸었을까? 길이 걷기에 너무 좁고 밭이랑도 눈에 들어오는 것이 아무래도 미심

쩍었다.

결국, 대형 트럭이 보이는 차도로 올라갔는데 왠지 모르게 큰 공장 내부에 들어선 것 같았다. 재빨리 방향을 틀어 출구를 찾았다. 순간, 험상궂은 경비가 우리 둘을 노려보며 "당신들 어떻게 들어왔어요?" 한다. 여차하면 배낭 속까지 들여다볼 기세. 우리를 무슨 산업스파이로 여기는 듯하다. 미안하다, 몰랐다, 사과하고 문을 나서려는데 바깥쪽으로 정문이 하나 더 있는 걸 확인했다. '현대건설기계'라는 회사 이름이 눈에 띄었다. 알고 보니 우리는 〈미션 임파서블〉에 나오는 톰 크루즈처럼 철통 보안의 안전문 두 개를 우회로로 통과했던 것이다. 그러고는 공장 한복판에 서서 처음 대도시에 나온 부시맨처럼 어리둥절 두리번거리고 있었던 것이겠지. 그 경비원이 보기에는 말이다.

이렇게 우여곡절을 겪고 겨우 해파랑길 이정표를 발견하고 시간을 확인하니 9시 15분. 컵라면을 먹은 걸 감안하더라도 1시간 반 만에 겨우 500미터를 걸은 것이다. 1킬로미터를 더 걷다가, 오전에 도착하기로 약속되어 있던 친구들을 현대중공업 정문에서 반갑게 만났다.

합류한 친구들까지 네 명이 울산 마지막 코스인 정자항까지 함께 걷기로 했다. 발걸음은 가볍고, 시시껄렁한 농담에도 박장대소가 오갔다. 중간에 주전해변이라는 곳까지는 두 시간쯤 이어지는 내륙의 산길이지만, 그게 대수랴! 12시가 조금 지나 해안 길로 들어섰다. 때마침 눈에 띈 한식집에서 생선구이 한상차림에 반주로 막걸리와 소주를 시켰다.

1병이 2병으로, 다시 4병, 6병으로……. 술도 술이려니와, 모두 불콰해진 얼굴로 50년 전 유행하던 진로소주 CM송까지 떼창으로 부르며 즐거워했다.

"야야야 야야야 차차차…… 야야야야야야야 차차차…… 향기가 코끝에 풍기면 혀끝이 짜르르하네~ 술술 진로소주 한 잔이 파라다이스."

그러나 쾌락 불변의 법칙이라던가? 쾌락을 즐긴 바로 그 크기만큼의 고통이 주어지는 법. 3시간에 걸친 점심을 먹고, 10킬로미터의 산길을 오르락내리락하자니 죽을 맛이다. 겨우겨우 산길을 빠져나온 우리 일행은 6시가 되어 모텔에 도착했다.

간단히 체크인을 마친 우리는 다시 근처 횟집에서 음주를 이어갔다. 이 징그러운 것들! 자기들은 서울로 떠나면 되지만, 남은 우리는 술을 깨야 하는 그 헛된 시간들을 어찌하랴!

코스의 거리 19킬로미터, 실제 트레킹 거리는 22킬로미터쯤. 왜? 낮술에 취해 여기저기서 길을 헤맸으니까.

Green Green Grass of Home
해파랑길 7일째

해파랑 일기를 쓰면서, 음악 얘기도 간간이 곁들이려고 했는데 자꾸만 잊는다. 어제 일기 중에 빠졌지만, 서울서 응원차 온 고등학교 동창 중에는 팝송 가사를 아주 잘 외우는 홍종철 군이 있었다. 어제 낮에 그 친구와 낮술에 취해 걷다가 함께 부른 노래는 Box Tops의 히트곡 '더 레터 The Letter'가 있었고, 해리 닐슨Harry Nilsson의 '위드아웃 유 Without You', 톰 존스Tom Jones의 '그린 그린 그래스 오브 홈 Green Green Grass of Home' 등이었다. 잘 부르는 노래는 아니었지만, 가사 하나 놓치지 않는 게 신기했다. 난 37년 PD

인생에서 팝송 프로그램만 20여 년 가까이 해왔으나 가사를 다 외우는 곡은 몇 곡이 안 된다. 요즘엔 노래방 영상에 딸려 나오는 자막이나 스마트폰으로 간단히 가사 검색을 할 수 있어서인지 대부분 노랫말 따위 기억하려 애쓰지 않는다. 하지만 가사를 기억해 두면 언젠가는 써먹을 일이 생기고, 뇌세포 활성화에도 기여할 테니 얼마나 좋은가 말이다.

'Green Green Grass of Home'은 우리가 피상적으로 생각하듯이, 도시에 나온 청년이 자신의 고향을 그리워한다는 내용이 아니다. 제목만으로 목가적인 내용일 거라 미루어 짐작하면서 사람들은 오해하고 있다.

  이 곡의 화자는 형장의 이슬로 사라지기 직전의 사형수다. 이런 내용은 가사 중, 톰 존스가 읊조리는 내레이션을 통해서 드러난다.

> Then I awake and look around me
> 그런데 나 잠에서 깨어나 둘러보네
> At four grey walls that surround me

사방의 회색빛 벽에 둘러싸여 있었어

And I realize that i was only dreaming,

그래서 난 꿈을 꾸었을 뿐이라는 걸 깨달았지

For there's a guard and there's a sad, old padre

여기는 간수가 있고 슬픈 (형장 기도) 신부가 있구나

Arm in arm, we'll walk at daybreak

날이 밝으면 우리(사형수들은)는 팔짱을 낀 채 (형장으로) 걸어가겠지

Again, I'll touch green green grass of home

(죽고 나면) 난 다시 한번 고향의 푸른 잔디를 보게 될 테지

곧 처형될 사형수의 감정이입으로 톰 존스의 'Green Green Grass of Home'을 들어보시길.

해파랑길을 먼저 다녀간 친구가 그런다. 해안 길을 걷다 보니 매번 먹게 되는 음식이 회와 매운탕뿐이라 일주일 지나고 나면 생선은 냄새도 맡기 싫어지더라고. 우리는 그 친구의 충고를 핑계로 횟집은 친구가 응원 올 때까지 단 한 번도 가지 않았다. 그런데 실은 다른 음식에 비해 회가

터무니없이 비싸서 편히 사 먹을 엄두가 나지 않았다. 한식 백반은 6~7천 원이면 한 끼를 때울 수 있지만, 회는 최소 5~6만 원은 있어야 한다. 이제 달포만 지나면 실직 상태로 들어갈 것이고, 아무래도 씀씀이를 긴축해야 될 것이다. 미리 준비하는 의미에서라도 필요 이상의 지출은 삼가자는 게 내 생각. 이런 얘기를 하면 친구들은 궁상 좀 그만 떨어! 하고 경고 메시지를 날리곤 한다. 게다가 응원하러 오는 친구들이 빈손일 리 없으니, 못 이기는 척 생선회 값 정도는 그들에게 안기자는 속이 빤히 들여다보이는 생각도 있었다. 그리고 어제 응원 온 친구들이 그걸 확실히 확인시켜주었다.

새벽 6시쯤 기상했는데, 의외로 조금의 피로감만 느껴질 뿐 걷기에 지장을 줄 정도는 아닌 것 같았다. 다만 새벽 3시나 4시쯤 깨어나 쓰곤 했던 해파랑 일기는 못 쓰고 말았다.

  서울로 떠나는 친구들을 위해 아침으로 순두부찌개를 대접했다. 오전 7시 반부터 다시 트레킹 시작.

  오늘 코스는 정자항에서 나아해변의 10코스 13.7킬로미터와 나아해변에서 감포항에 이르는 11코스 17.1킬로미터다. 대부분 해안선을 따라 걷는 30.8킬로미터의 수월한 길.

예외 없는 규칙이 없듯 주야장천 걷기만으로 이어지는 해파랑길은 아니었나 보다. 안내문을 보니, 나아 마을에서 봉길 해변까지 약 4킬로미터는 버스로 이동해야 한다고 나와 있다. 중간에 인도가 없는 긴 터널이 있기 때문이다.

우리 둘은 참 고지식도 하지, 터널 바로 입구까지 걸어가야 한다는 강박에 사로잡혀 위험한 차도의 길섶을 한참 걷다가 다시 정류장으로 '뺵도'. 우리가 뭐 이슬람 원리주의자인가! 대충 차를 탈 때는 타야지 하며 서로 마주 보고 한참을 웃었다. 이런 융통성 부족이 우리 두 사람을 30년 넘게 한 직장에 머물게 했는지 모른다.

봉길 해변에서 전열을 가다듬고, 해안을 따라 끝없이 이어 걷는데, 올여름 태풍으로 끊긴 길이 곳곳에 나타났다. 난간마저 유실된 채로 방치되어 있다. 노란 테이프로 출입 금지를 알리거나 조속한 복구 작업을 맹세(?)하는 현수막만이 바람에 배를 부풀리고 있을 뿐 트레킹하는 사람들에 대한 배려는 전혀 없다.

통행 제한 표지판

이럴 때는 과연 어떻게 해야 하는가? 1. 위험한 차도로 뛰어든다, 2. 차를 타고 그 구간만큼 이동한다, 3. 표시판을 대충 무시하고 무조건 전진한다, 4. 주저앉아 운다.

우리는 그중 3번을 택했다. 사람에게는 양면성이 있다. 친구도 나도 고지식함 속에 그 정도 유연함은 가지고 있다. 그러니 우리 둘은 30년 이상 한 직장에서 월급을 타 먹고 지낼 수 있던 것이다.

이렇게 3시 반까지 걷고, 오늘의 일정을 마무리. 드디어 감포항에 도착!

10코스와 11코스까지 도합 30.8킬로미터이고, 이 가운데 버스로 이동한 4킬로미터를 뺀 27킬로미터가 믿음직한 우리 건각의 몫!

스마트폰의 신박한 사용법
해파랑길 8일째

어제저녁 무렵 아내에게서 카톡이 왔다. 내용인즉 "이따 핸드폰의 신박한 사용법을 알려줄게" 한다. 갑자기 뭘 가르쳐준다는 거지? 위치 추적, 데이터 전송에 편리한 기능이라도 알아냈나? 궁금해하던 차에 영상전화가 왔다.

"응! 스마트폰은 말이야, 기본 기능이 음성전화거든, 그게 얼마나 멋진 건데 당신은 모르는 것 같아. 게다가 지금 우리가 이렇게 이용하고 있듯이 영상통화도 가능해. 어떻게 전화 한 번 안 하지?"

순간 가슴이 철렁! 그저 가족끼리 개설한 단톡방에서 안부 전하고, 가끔 개인 톡으로 뭐 하는지 묻는 것이 고작이었던 것에 갑자기 미안해진다. 실은 요즘 아내는 다양한 사회활동에 매진하느라, 바이든 선거 캠프의 자원봉사로 바쁘다 해도(아내가 트럼프를 그만큼 싫어하기도 하고) 전혀 이상할 것 없을 정도다. 굳이 핑계를 댄다면 일과 시간, 아니 저녁까지도 대부분 전화를 걸었을 때 한껏 낮춘 목소리로 "지금 연습 중이야" "회의하고 있어"라고 곤란해하며 대답할까 봐 전화를 안 한 거다. 글쎄? 이걸 믿어줄까마는.

앞으로 비대면 사회가 일반화된다면 도래할 디스토피아를 두고 말들이 많다. 하지만 우리는 이미 오래전부터 비대면에 익숙해 있었는지도 모른다. SNS로 소통하는 게 얼마나 많아졌나! 웬만한 메시지는 카톡으로 다 주고받을 뿐 아니라, 곤란한 상황도 곧잘 해결한다. 남녀 간의 이별 통보는 물론이고, 일을 그만두겠다는 의사 역시도 문자 등 간단하게 온라인으로 해결하는 이들이 꽤 있다고 한다.

비대면에 적응하게 되면, 대면으로 다시 돌아오기란 어려울 것이다. 비대면에 익숙해진다는 건 쉽게 비유해서 모두가 비서를 고용한 오너가 되는 것과 같지 않나 생각해보았다. 말단 직원에게 대면 지시를 내리고, 견책·감봉·해고 등의 징계 인사를 직접 통보하는 대기업 오너가 어디 있겠나? 총알받이 비서를 두는 거지. 기업주가 "야! 쟤 잘라!"라고 했다면, 기업주는 비난받을지라도 일단 숨거나 '난 몰랐어'라고 하면 끝. 그처럼 때론 무책임하고 뻔뻔한 게 비대면이다. 사람은 역시 얼굴 맞대고 대화하고, 그게 안 될 상황이면 통화라도 해야 하지 않을까.

오늘 걸어야 할 길은 감포항에서 구룡포까지 11, 12코스. 몽돌해변과 주상절리가 볼 만한, 난이도가 낮은 해안 길이다. 필시 해파랑길을 조성하면서 바다와 이어지는 경사로에 힘을 쏟아 설치했을 나무 바닥과 난간이었을 거다. 하지만 지난여름의 태풍으로 인해 곳곳이 유실되고 끊겨 있는지라 우회로를 찾아야 했다. 안내판에는 그저 통행금지라는 단호한 문구만 눈에 띌 뿐 어디로 돌아가라는 안내가 없어 자주 길을 헤맸다. 게다가 방향 안내 표지까지 휩쓸려 날아간 경우도 더러 있었다. 그러다 보니 당연히 시간은 지체되고 그만큼 다리 힘도 빠져갔다. 트레킹은 어느새 생존 차원이 되어버린 느낌, 바로 그거였다.

구룡포 10킬로미터란 팻말을 본 지 1시간이 훨씬 지나 다시 확인했을 때 8킬로미터가 남은 것을 알게 되었다. 시간당 겨우 2킬로미터밖에 못 걸었다니! 해병 부대를 지나며 해정 군이 철책 너머로 군인들에게 길을 물었다.

"해파랑길, 어디로 가요?"

"저희는 그런 길 모릅니다."

그저 막내아들뻘 정도 될까 싶은 군인 하나가 뜨악한 표정으로 대답했다. 그곳을 벗어난 친구가 푸념처럼 한마디 읊조린다.

"해병대 병사가 자기들이 지키는 곳의 이름조차 모르니 나라 꼴이 제대로……."

11-12코스 안내판

내가 답했다.

"저 친구들이 우리 같은 중늙은이들이 걷는 길에 관심이나 있겠어? 빨리 제대해서 집에 돌아갈 생각뿐이지 않을까? 너도 그랬었잖아."

이렇게 예정보다 1시간 반이 늦은 오후 5시에 구룡포의 모텔에 입성. 서울에서 오기로 한 또 다른 응원 팀인 임세환, 임두현 군으로부터 곧 도착한다는 전화가 왔다. 오늘 밤도 참새가 방앗간을 어찌 지나칠 것이며, 음주 애호가가 어찌 비타민 음료 한 병으로 때울 것인가! 답정너(답은 정해져 있고 그건 너)의 심정으로 친구들을 맞았다.

감포항에서 구룡포항까지 32.9킬로미터.

퇴직금은 나를 위한 아내의 간병비
해파랑길 9일째

은퇴 후의 삶을 생각해본다. 우리나라 노인 빈곤층이 OECD 국가 중에서 최고 수준이라는 건 모두가 알고 있는 사실이다. 상당수가 아이들 교육에 올인all in한 탓이다. 주변 직장 동료 중에는 아이를 해외로 유학 보낸 이들이 꽤 있다. 그중에서 가장 큰 비율을 차지하는 북미 쪽 국가의 학비가 좀 비싼가! 그 반대급부로 아이를 유학 보낸 나머지 가족의 생활의 질이란 게 알게 모르게 떨어지고, 부모는 제대로 된 노후 대책을 마련해 둘 틈조차 없게 되는 것이다.

우리도 딸아이를 일본에 유학 보낸 적이 있었는데 북미 쪽과 비교하면 상대적으로 학비와 생활비가 덜 든 편이다. 게다가 의외로 장학제도가 다양해서 조금만 노력하면 거의 모두가 혜택을 받는다. 장학금 지급도 우리나라처럼 등록금을 면제받는 형식이 아니라 현금으로 지급받는다. 여기에 MBC에서 학비 50퍼센트까지 지원받으니, 딸아이는 2~3년 동안 유학 비용을 한 푼도 안 들이고 오히려 통장에 엔화가 쌓이기까지 했다. 참고로 내가 직장 생활을 한 MBC는 국내 학교에서 등록금을 면제받은 장학생 자녀의 경우 이중 수급이라는 이유로 학비 지원을 하지 않는다.

아들 녀석은 초등학교 2학년 때 일본에서 다녔던 경험이 흑역사 내지는 트라우마로 남았던가 보다. 유학 얘기만 나오면 고개와 손을 동시에 가로저으며 진절머리를 치니 유학 걱정은 안 했었다. 결과적으로 아이에게 '다 걸기'를 하지 않은 데다 워낙 알뜰한 아내 덕분에 다른 집보다는 은퇴 이후의 경제 사정은 나은 편. 여기에 우리 부부는 돈이 많이 드는 화려한 취미를 가진 것도 아니고, 사치품 애호가도 아니다. 심지어는 일본 지사 근무를 마치고 돌아온 이래 자동차 없이 지내고 있을 정도. 그렇다고 노랑이짓을 하냐면 그렇지는 않다.

나는 아버지의 노후 관리에 영향을 많이 받은 편이다. 공무원이셨던 부친은 1982년 말에 정년을 무사히 마치면서 퇴직금을 일시 수령이 아닌 다달이 연금으로 타셨다. 다들 퇴직금을 한꺼번에 받아서 어딘가에 투자하는 게 대세였던 시절이었지만, 아버지는 연금을 택하셨던 거다. 그 덕분에 아버지는 돌아가실 때까지 30년 이상을 나름 윤택하게 지내실 수 있었다.

방송사 동료 중에 퇴직금을 중간 정산해서 집을 넓히거나, 아이들 유학비로 충당하는 이들을 많이 보았다. 사실 퇴직금 중간 정산이라는 게 뭔가? 매년 회사가 남긴 이익금 중 상당 부분이 세금으로 나간다. 그걸 중간 정산 형태로 털어버리면 회사가 짊어질 부담이 그만큼 줄어드니까, 이런저런 사탕발림으로 미리 가져가도록 하는 거다.

내 경우에는 이미 오래전부터 이렇게 생각했다. '퇴직금은 아내의 간병비다.' 부부 사이에서는 남편이 일찍 병을 앓다 죽는 경우가 일반적이다. 아픈 남편을 돌봐야 하는 아내가 경제적으로 힘들어진다면 이건 인간의 도리가 아닌 거다. 그러니 절대로 퇴직금은 건드리지 말자고 결심한 거다.

나의 털털함은 평범한 외모와 결합하여 곧잘 구질구질한 양태로 드러나곤 한다. 한번은 친구의 결혼식, 정확히는 재혼식에 참석하여 동창들 테이블에서 유쾌하게 떠들고 있는데 식장 관계자가 다가와서 한마디 하는 거였다. "아까 입구에서 축의금 접수 안 하고 그냥 들어오신 분이시지요?" 이러길래 나는 "그럴 리가요, 내가 딱 누명 쓰기 좋은 얼굴이라니까" 하고 맞받아쳤다. 이렇게 과장되게 웃으면 넘어갈 줄 알았다. 그런데 이번에는 지배인이 다시 와서 "축의금 미 접수자" 운운하는 거다. 그때쯤 불쾌함을 드러내 보였어야 했는데 참을 수밖에 없었다. 하지만 생방송 때문에 먼저 일어나 나가는 출구에서 카운터를 보던 종업원까지 이를 거론하자 드디어 폭발하고 말았다. 그렇다고 점잖은 체면에 상스러운 욕설을 하지는 않고, 적당한 선에서 논리와 어법에 맞게 타일렀을 뿐이다. 내가 그렇게 무전취식이나 할 사람으로 보이나?

어떤 경우에는 (아주 꽤 자주) 음식점에서 계산하려고 대기하고 있으면 누군가 내게 "아저씨 얼마 나왔어요?" 하고 묻는 일이 있다. 나를 종업원으로 아는 거다. 그럼 나는 웃으며 여유 있게 대답한다. "저도 계산하려고 기다리고 있습니다."

아! 결정타가 하나 더 있었구나! 십수 년 전에 회사 동료 두 명과 택시를 잡았는데, 뒷문을 열어 여성 두 분을 태운 뒤에 운전석 옆자리에 타려고 앞문을 열려던 순간, 차가

호미곶 둘레길 안내 표지판

출발하는 황당한 일이 벌어진 적도 있었다. 내가 개인비서쯤 되는 줄 알았나 보다. 귀공자 태는 안 나더라도, 노숙자 분위기는 풍기지 말아야 하는데 말이다.

이런 얘기를 장황하게 늘어놓는 이유는 함께 걷고 있는 해정 군의 경험담을 소개하기 위해서다. 해정 군은 나보다 2년 먼저 명퇴를 해서 목하 GEGL(게글)로 지내고 있다. good eating good living, 잘 먹고 잘 산다, 라는 건데 가끔 은퇴자로서의 설움을 겪는 모양이다.

한번은 서촌 쪽 떡볶이집이 유명하대서 혼자 가서 1인분을 주문했다지. 주인아주머니의 애처롭게 쳐다보는 눈길이 예사롭지 않았지만 별 신경 안 쓰고 기다리는데, 가져온 음식의 양이 엄청나서 놀랐다고 한다. 주인이 말하기를 "아저씨 같은 분들 여기 자주 와요. 용기 잃지 말고 힘내세요" 하더란다. 그냥 있을 해정 군이 아니지. "저 그런 사람 아니에요. 그냥 떡볶이가 먹고 싶어서 왔을 뿐이에요. 재산이 얼마나 많은데"라고 하면서, 직접 종합자산통장의 음성 서비스를 연결해서 아주머니에게 들려주었다고 한다. 물론 AI가 친절하게도 "귀하의 통장 잔고는 ×××원입니다"라고 알려주었단다. 주인아주머니는 그 많은 현금성 예금에 깜짝 놀라더란다.

어제저녁에 주말 동안 함께 걷기 위해 합류했던 임세환 군이 한마디 거들었다. 청량리시장 쪽에 잔치국숫집이 있는데 막걸리를 잔술로 팔더라고. 어느 날 일하다가 오전 11시쯤 막걸리 한잔에다 국수를 시켰더니, 두 사람이 먹고도 남을 양을 내주는 거야. 후덕해 보이는 주인아줌마 얼굴에서 '첫 끼니지요? 다음 끼니가 언제일지 모를 테니 많이 먹어 두세요' 하는 표정을 읽었다고 한다.

그래서 나이 들어 은퇴하고 나면 더 깨끗하고 근사하게 입고 다니라고 말하는 걸까? 구룡포에서 호미곶 등대를 지나 흥환까지 우리 세 명은 농담, 잡담, 험담, 뒷담을 하며 27킬로미터를 어려움 없이 걸었다.

모르겠거든 기사식당을 찾아라
해파랑길 10일째

'똘똘한 한 채'라는 말이 유행이었다. 다른 지역에 주택을 여러 채를 가지고 있어 봐야, 강남의 아파트 하나에 못 미친다는 거다. 그건 대중음악계에도 적용되지 않나 싶다. 고만고만하게 알려진 곡이 여럿 있어도, 빅 히트 하나를 못 따라가는 법이다.

생전에 가수 '김상국'은 '쾌지나 칭칭 나네'로 평생 먹고 살았다고 했다. '김흥국'도 '호랑나비' 말고 딱히 기억나는 곡이 없으며, '임주리'는 '립스틱 짙게 바르고', '서주경'은 '술 한잔 사주실래요'라고 당돌하게 부탁한 기억밖에 없다.

곡을 만드는 사람도 마찬가지. 〈어바웃 어 보이About A Boy〉란 영화를 보면 주인공 휴 그랜트가 놀고먹는 백수 생활을 하는데, 그렇게 지낼 수 있는 기반은 선친이 쓴 단 하나의 히트곡이었다. 정말 세대를 초월해서 세계적으로 알려진 노래는 작사, 작곡자에 어마어마한 저작권료를 선사한다. 그것도 사후 70년 동안 말이다. 2013년을 기준으로, 사후 50년에서 20년 연장되어 70년이 되었는데 다만 먼저 만들어진 저작물은 우리나라의 경우는 소급이 안 된다.

이 법은 미국에 의해서, 그것도 미키마우스의 저작권을 연장하기 위한 디즈니 사의 로비로 만들어졌다고 한다. 그래서 '미키마우스 법' 또는 법안을 발의한 그룹 소니 앤 셰어Sonny And Cher 출신의 뮤지션 소니 보노Sonny Bono 하원의원의 이름을 따서 '소니 보노 법'으로도 불린다. 소니 보노는 아마 자기가 쓴 곡이 더 길게 보호받았으면 하는 속셈도 있었겠지. 이런 건 이해충돌방지법에 해당 안 되나 모르겠다. 이 법이 통과되는 바람에, 미키마우스는 쉰 살의 수명을 20년 늘려서 2023년까지 디즈니 사의 효자 노릇을 하게 되었다.

왜 이런 얘기를 꺼냈냐 하면 엊그제 톰 존스의 '그린 그린 그래스 오브 홈'을 소개하면서 문득 그 노래 작곡자가 떠올라서다. 컬리 풋맨 주니어Curly Putman Jr.라는 생소한 음악가의 유일한 히트곡이었던 건데 저작권료를 얼마나 많이 받았던지, 미국 내슈빌 내에 리조트 수준의 큰 농장을 사들여 죽을 때까지 떵떵거리며 살았다고 한다. 1974년에 비틀스의 폴 매카트니가 그의 저택에 묵으면서 곡을 썼는데 바로 '주니어의 농장Junior's Farm'으로 이 노래 역시 크게 히트한 바 있다.

아이의 장래가 걱정되면 지적 재산권을 소유할 수 있는 분야에 진출시키라고 많이들 얘기한다. 몇 해 전에 '4월과 5월' 출신 가수인 '백순진'이 한국음악저작권협회KOMCA에서 자신에게 지급되는 저작권료가 터무니없이 적다며 '대기업 직원 급여 수준'이라고 표현한 걸 듣고 놀란 적이 있다. 백순진에게 작사·작곡은 '사이드 잡Side Job'이었고, 일본항공인가 어딘가에서 정년을 맞은 걸로 알고 있다. 그게 적나? 그게 적은 정도라면 자는 아이를 깨워서 작사가로, 작곡가로 키워야겠다. 부모의 재능 없음에 아이들에게 괜히 미안해진다.

오늘 일정은 흥환이란 곳에서, 어제 통과했던 호미곶의 아랫자락인 영일만 해변으로 향하는 길이다. 곶 하면 한자로 '串'으로 쓰는데, 바다로 삐죽 돌출된 육지를 말한다. 호미곶의 예전 이름은 장기곶, 학교 지리 시간에서는 분명히 장기곶 혹은 장기갑岬으로 배웠는데 언제 바뀌었나 하고 찾아보니 2001년부터라고 나온다. 아마 한반도가 토끼가 움츠린 형태를 하고 있다는 기존의 연약한 이미지를 불식시키고 진취성을 부여하기 위해 호랑이 같은 동물의 형상이 필요했나 보다. 얼마 전부턴가 호랑이가 사냥을 위해 포효하는 모습을 우리 국토에 겹쳐 놓던데 왠지 그럴듯해 보이지 않던가! 그 그림의 꼬리 부분에 해당하는 지역이 이곳이니, 호랑이 호虎, 꼬리 미尾 해서 호미곶이 된 것이다. 다들 아는 얘기라고요? 모르는 사람도 있을 테니, 이럴 때는 좀 그냥 넘어갑시다.

오전 6시 반, 일찌감치 돼지국밥을 한 그릇 비우고, 흥환보건소에서 송도해변을 지나 여남동 숲길에 이르는 27킬로미터 코스에 돌입. 무엇보다 포항제철로 들어서기 전에 도구해변까지 이어지는 해안 절벽 경치를 보고 넋을 잃었다. 먹바우, 힌디기, 킹콩바위, 폭포바위, 남근바위 등등의 입간판이 오히려 상상을 옭아맨다. 그냥 보는 대로 느끼는 대로가 더 좋지 않을까.

해변 길 중간에서 무림의 고수들을 만났다. 'KOREA 둘레길'이란 단체의 회원 10여 명과 인사를 나눴는데, 무려 4,500킬로미터를 걸었다고 한다. 이분들은 해파랑길을 두 번째 돌고 있으며 남파랑길, 서해랑길, 평화누리 DMZ까지 섭렵했다는 거다. 다만 우리처럼 한 달씩 백수의 패턴으로 걷는 게 아니라 시간 날 때마다 5~6일씩 다닌다고 한다. 우리에게 충고하기를, 남해안 일주일 남파랑길은 지루하니까 섬 위주로 다녀보란다. 난 속으로 그랬다. '저희는 관광이 아니라, 순례로 걷는 겁니다.' 그런다고 고수가 되겠느냐마는.

포스코 공장 지대를 지나니, 1977년 고등학교 시절 수학여행이 떠올랐다. 포항제철의 쇳물 녹이는 현장과 강판이 컨

베이어 벨트에 실려 옮겨지는 걸 신기하게 바라보았던 기억이 났다. 해정 군은 선생한테 얻어터지게 된 일화를 주야장천 이어간다. 심야에 여관 담벼락을 넘어서 놀다가 돌아와 맞았고, 화투 치다 걸려 엎드려뻗쳐를 당했단다. 그때 체육 선생님이었던가 너희들 돌아가면 다 퇴학이야! 라는 말에 정말 학교를 그만둬야 하는 게 아닌가 굉장히 조마조마했다고 한다. 하기야 수학여행에서 그런 낭만마저 없으면 무얼 추억할까. 난 고2 수학여행 때에야 비로소 처음으로 바다를 보았다. 그곳이 바로 오늘 걸었던 포항의 영일만이다. 어제 '최백호'의 '영일만 친구' 노래비를 만난 다음 줄곧 그 노래 멜로디가 뇌리를 떠나지 않는다. 지금까지도 계속 입에 달고 있고.

바닷가에서
오두막집을 짓고 사는
어릴 적 내 친구,
푸른 파도 마시며
넓은 바다의 아침을 맞는다
누가 뭐래도 나의 친구는

바다가 고향이란다
갈매기 나래 위에
시를 접어 띄우는
젊은 날 뛰는 가슴 안고
수평선까지 달려 나가는
돛을 높이 올려라
거친 바다를 달려라
영~일만 친구야

영일만 친구 노래비

새벽부터 5시간 이상을 걸었고, 이제는 점심시간. 여행 중 매일매일의 가장 큰 과제는 '어디서 무얼 먹을까'일 거다. 요즘은 인터넷에 '맛집'이라는 검색어를 치면, 자신이 있는 위치에서 가까운 곳에 위치한 평점 높은 음식점이 줄줄이 나온다. 하지만 그건 대도시에서의 경우일 것이다. 지금 내가 걷고 있는 길처럼 인가가 드문드문 흩어져 있고, 코로나 바이러스 때문에 많은 식당이 휴업 혹은 폐업한 지역에서는 영업을 하는 것만으로도 감지덕지일 때가 많다. 요즘 지방 경기가 다 죽었다고 하던데, 과연 해파랑길 코스 어디에서도 거리가 들썩인다는 느낌이 드는 곳이 한 군데도 없을 지경이다. 거기에는 이번 코로나 사태가 불을 당긴 이유도 있을 테지. 가끔 운 좋게도 몇몇 식당이 옹기종기 모여 있기라도 하면 곧바로 행복한 갈등에 빠진다. 혹시 잘못된 메뉴 선택으로 오후 내내 찝찝한 마음으로 트레킹을 할 수도 있을 테니까 말이다.

퇴직을 앞두고 몇 년 동안 '매 끼니'에 대해서 세운 개똥철학은 '아무거나 먹지 말고, 주어진 조건에서 최상의 음식을 섭취하자!' 이거였다. 나는 환갑 나이다. 평균수명이 비약적으로 늘고 있다고는 하나, 우리나라 남자의 기대 수명이 82세라고 하니 22년쯤 남았다.

지금은 크게 앓는 병이 없고 소화기관, 순환기 계통이 다 정상이고 고혈압이나 당뇨 같은 증상도 없으니까 뭐든 먹고 싶은 대로 한껏 먹을 수 있다. 하지만 몇 년 뒤에는 이야기가 달라질지 모른다. 통계청 자료를 보니, 2018년 기준 한국인의 건강 수명은 64.4세에 불과하다니까.

건강 수명이란 게 뭔가? 의사한테 고기 먹지 마라, 탄수화물 줄여라, 채식 위주로 먹어라, 당분 섭취 줄여라, 이런 식으로 계속 먹어도 되는 것과 자제해야 하는 걸 잔소리로 듣기 시작하면 볼 장 다 본 거다. 게다가 칠순이 넘고 팔순이 가까워 오면, 미각이 제대로 기능을 못 해서 음식 맛을 못 느낀다는 말을 주변에서 자주 들었다. 그러니 곰곰이 생각해보건대, '내가 온전한 미각을 가지고 메뉴 선택을 마음대로 할 수 있는 시간'은 그저 5년에서 길어야 10년이 남아 있을 뿐이다. 아예 그 '끼니 수'를 따져보았다. 간단하게 요기를 하는 아침 식사는 제외하고 점심과 저녁, 이렇게 하루 두 끼를 나름 후하게 쳐준 건강 수명 8년만큼의 횟수로 곱하니까 5,840끼(365일×8년×2끼)가 남았다는 결론에 도달한 거다. 그 얼마나 소중한 식사이며, 어찌 그걸 허투루 대충 때우며 지낼 수 있는가 말이다. 여기에 또 한 가지 덧붙이자면 무슨 일이 있어도 절대 단식을 하거나, 바쁜 일을 핑계로 끼니를 거르는 일은 절대 용납을 못 한다.

사설이 길어졌지만, 낯선 곳에서 음식점 간판 몇 개가 동시에 유혹하는 흐뭇한 고민에 빠질 경우는 많지 않다. 영일만 해변에서는 생선구잇집, 백반집과 더불어 눈길을 끄는 곳이 있었다. 바로 '기사식당'이다.

가성비 높은 맛집을 찾아다닌다고 정평이 난 모 선배의 말에 의하면, 음식점에 대한 아무런 정보가 없을 때 기사식당을 선택하면 가장 실패할 확률이 낮다고 한다. 왜냐? 운전기사들은 노상 차를 몰고 다니기 때문에 기동성이 가장 뛰어난 사람들이다. 마음에 든다면 먼 거리라도 그다지 상관없이 식당을 선택할 수 있다. 또 맛없는 집은 자연스럽게 집단 따돌림을 당해 영업을 할 수 없게 된다는 게 그 선배의 주장이다.

여기에 한 가지 더 추가한다면, 아마도 근무 환경이 열악한 만큼 식사를 더 잘 챙기지 않을까 하고 추측해보았다. 어쨌거나 '송도'라는 이름의 기사식당은 기사분들뿐만 아니라 다양한 사람들로 복닥거렸다. 두부김치, 김치찌개에 곁들여 막걸리까지 한잔 걸치니 '송골매'의 노래 '모두 다 사랑하리'가 절로 나왔다.

특질고
해파랑길 11일째

〈특질고特質考〉란 소설이 있다. 1979년이니까 벌써 40년이 넘은 일인데, 이 작품으로 소설가 오영수는 말년에 큰 홍역을 치렀다. 〈특질고〉는 우리나라 각 지역의 사람들이 자연환경이나 지리적, 사회적인 영향으로 어떤 기질이나 성품을 갖게 됐는지를 추측해보는 내용이었다.

오영수 작가는 호남 출신의 인물들에 대한 평가로, "표리부동하며 신의가 없다" "입속 것을 옮겨줄 듯 사귀다가도 헤어질 때는 배신을 한다"는 등 근거가 모호하고 투박한 구절을 써놓았다. 이러한 표현을 두고 호남 쪽 사람들이 가만있었을 리가 있을 텐가. 이 소설을 게재한 〈문학사상〉에 항의 전화가 빗발쳤고, 불매운동 등 단체 행동으로까지 번졌다. 이에 작가가 공개 사과한 것은 물론, 잡지가 일시 발행 중지되는 일까지 벌어졌다.

바닷가 마을 사람들의 척박하고 지난한 삶을 사실적으로 그려낸 단편 〈갯마을〉의 작가 오영수는 이 일로 해서 예술원 회원이라는 명예까지 잃는 등 곤두박질하자 화병을 얻어 그해에 세상을 떠난 것으로 알려졌다. 그의 변명은 경상도 쪽 사람에 대한 안 좋은 점도 동일하게 써놨는데, 왜 전라도 쪽만 가지고 그러는가 하는 것이었다. 나 개인적으로는, 만일 그가 호남 출신이었다면 그렇게까지 일이 번졌겠는가 하다가도 '표리부동' '배신' 어쩌고 하는 표현은 너무 심했다는 생각이 들기는 했다. 아무튼 40년도 더 된 얘기를 이제 와서 한다는 게 그렇지만, 그렇게까지 그럴 일이었나 싶어진다. 오영수는 현재의 울산광역시, 정확히는 울주 출신이다.

며칠 전에 끝난 구간이지만, 갑자기 울산 쪽을 걸으면서 느꼈던 점이 생각나 몇 가지 적어 보았다.

먼저, 울산 사람들은 성미가 매우 급해 보였다. 그들의 걸음걸이는 대부분 우리보다 항상 **빨랐던** 것으로 기억한다. 참고로 우리는 시간당 4킬로미터의 표준 속도. 젊고 건강한 남자들이라면 뭐 그렇다 쳐도, 여성이나 웬만한 노인들까지 속보 경기를 하듯 우리를 앞서 걸어가는 게 좀 놀라웠다. 여기에 이따금 대화를 나눌 때 느낀 것인데 말도 무지 **빠르다**.

둘째로 차를 특히 거칠게 운전한다는 느낌을 받았다. 태화강 전망대 앞 같은 경우는 간선도로이긴 해도, 갓길에서 택시를 잡을 여유쯤은 돼야 할 것이다. 그런데 차를 어찌나 빠르게 모는지 택시를 멈춰 세우기는커녕 도로에 섣불리 접근했다가는 바로 세상을 하직하게 되지 않을까 두려울 정도였다.

울산은 대표적인 재벌 기업 '현대'의 텃밭이라 그런지 바닷가는 대부분 공장 지대 혹은 자동차를 실어 나르는 선착장이 차지하고 있었다. 그러다 보니 해파랑길은 근사한 바다를 그리워하며 내륙으로 내륙으로만 펼쳐져 있다. 정말 해파랑길이란 말이 무색하게 산업용 도로의 갓길을 자주 이용할 수밖에 없었는데 이때 느낀 것이 '울산 사람들차 한번 무섭게 모네'라는 거였다.

또 한 가지, 울산은 보행 신호가 다른 지역에 비해 엄청 짧다. 신호를 몇 초만 놓쳐도 바로 횡단보도를 뛰어서 건너야 할 정도. 대신에 차량에는 마냥 넉넉하고 너그럽게 시간을 준다. 이것이 현대자동차라는 생활 기반을 마련해 준 기업에 대한 예의인가? 그런 생각까지도 들었다.

해파랑길 트레킹은 각 구간에 설치된 스탬프를 찍도록 되어 있는데 이게 쏠쏠한 재미를 준다. 작은 메모 수첩이나 노트를 이용해도 괜찮지만, 코스 주관 단체인 '한국의길과문화'가 발행하는 여권PASSPORT을 유료(1만 5,000원)로 구입해 거기에 하나씩 찍어나가면 된다. 마치 외국에 입국할 때 입국사증을 받는 것과 같다. 본인 스스로 창구를 찾아 스탬프를 찍어야 하지만 말이다. 도보를 기준으로 대개 5시간에서 8시간으로 나뉜 구간은 모두 50개이니 50개의 도장을 받아야 한다. 여기에 민통선 안쪽인 통일전망대 코스가 더해지지만, 거기는 차량으로 이동하고 스탬프를 확인한 후 완보증명서를 발급하는 모양새다.

그런데 스탬프가 놓인 부스의 크기가 너무 작고, 눈에

잘 띄질 않으니 그걸 찾느라 번번이 헤맸다. 게다가 어느 곳은 잉크가 바싹 말라 있어서 희미하게 찍히거나 아예 문양이 나오지 않는 곳도 있었으니, 바로 오늘의 경우다.

  여남동 숲길을 지나 3시간쯤 걸어 도착한 17코스의 끝이자 18코스의 시작인 칠포해변. 안내문에 나온 대로 해양스포츠클럽 입구에 스탬프 부스가 있기는 했는데 아무리 세게 눌러도 새겨지지 않고(이런 걸 '민짜'라고 하지), 잉크 자국 하나 남지 않는 거다. 구간을 열심히 걸어서, 내가 여기 왔으면 그만이지 도장이 뭔 의미? 하다가도 은근히 코스 관리 기관의 무성의에 화가 치미는 건 어쩔 수 없는 현실. 하지만 그들에게 전화를 걸어 항의한들 해결이 될 것인가. 게다가 오늘은 공교롭게도 일요일인 것을…….

  문득 드는 생각이, 혹시 근처 어딘가의 호텔이나 연수원 같은 곳에서 인주, 잉크나 매직펜 비슷한 것을 얻을 수 있지 않을까 하는 기대였다. 그러면 최소한 구간 표시 숫자라도 찍을 수 있지 않을까. 마침 100여 미터 떨어진 곳에 콘도식 호텔이 하나 보여서 무작정 가보기로 했다. 청소 아줌마뿐이라 양해를 구하고 프런트에 놓인 수성펜, 매직펜 등을 가져왔다. 하지만 아무리 펜으로 바닥에 박박 문

지르며 칠을 해도 스탬프 효과를 내기에는 역부족이었다.

　이를 지켜보고 있던 해정 군이 수험생용 수성펜을 거침없이 분해한 후 잉크 막대를 치약 짜듯 쥐어짜서 바닥에 칠하니 어럽쇼! 훌륭한 도장밥이 되는 게 아닌가. 다만 나의 양손은 개구쟁이 짓을 하고 돌아와 어머니에게 단단히 혼쭐날 만큼 '시커먼스'가 되고 말았지만 말이다.

칠포해변을 지나 오도리, 화진, 월포를 통과해 오늘의 목표인 장사해변에 이르렀다. 시간은 오후 5시가 넘었고, 거리는 30킬로미터, 4만 8,000보.

수성펜 잉크를 짜서 찍은 스탬프

해파랑길은 꿩 대신 닭?
해파랑길 12일째

우리나라에 트레킹 코스가 본격적으로 개발되기 시작한 것은 2007년 9월 제주의 올레길 1코스가 만들어지면서부터다.

  그즈음 MBC 라디오 〈여성시대〉에 매주 패널로 나와서 구성진 여행담을 들려주던 이가 있었다. 서명숙 현 제주 올레길 이사장으로, 미디어 잡지 편집장 출신인 그녀가 스페인의 산티아고 순례자 길을 다녀온 경험을 들려주는 코너였다. 나도 흥미 있게 듣고 있던 차에 마침 로비에서 서 여사와 마주치게 되었다. 나는 이참에 이것저것 물어보며,

스페인 현지로 떠날 의지를 다졌다.

2007년은 내가 마라톤에 재미를 붙여 매년 2~3회씩 풀코스 마라톤을 거뜬히 완주하던 시기였다. 게다가 주말마다 산에 오르던 튼튼한 체력의 우량 중년이었던 나는 뭐든 걸리기만 해라, 그런 심정이었다.

그렇긴 해도 한 달 이상 걸릴 코스인지라 당시로서는 날짜를 빼기 어려웠다. 내게 산티아고를 걷는 꿈은 결국 안식년이 되어야 가능할, 당장엔 손에 잡히지 않는 계획이 되고 말았다. 10년은 더 기다려야(정년이 연장되기 전이었다) 가능하다니! 당시엔 그리도 멀게 느껴졌지만, 57세에 은퇴하면 바로 떠나야지 다짐을 했더랬다.

하지만 중년 이후의 세월이란 어찌나 빠르게 흐르는 것인지. 나이를 먹는 체감 속도는 자기 나이의 숫자에 킬로미터를 붙이면 맞을 거라는 말이 있지 않나. 스물이면 20킬로미터, 쉰이면 50킬로미터 따위 말이다. 이를 더 심하게 표현하는 사람도 있다. 1년 지나는 걸 n분의 1로 실감한다는 것. 예컨대 1살이면 1분의 1, 5세가 되면 5분의 1, 환갑 나이면 60분의 1이 되니 얼마나 빠른 속도감을 느끼게 된다는 것인지 짐작조차 안 간다.

해파랑길 12일째

서명숙 이사장에게서 산티아고 순례길에 대한 이러저러한 조언을 받은 게 엊그제 같은데 그로부터 무려 13년이 훌쩍 지났다. 드디어 올해 안식년을 맞아 새해 벽두부터 출발을 4월 27일로 특정해 놓고 내친김에 비행 편까지 예약해 두었다.

그 이후의 상황은 다들 주지의 사실이다. 전혀 상상도 못했던 코로나 바이러스의 창궐로 계획은 수포로 돌아갔다. 함께 가기로 했던 해정 군은 나보다 더 애가 탔던 모양이다. 입국 금지가 정식으로 발표될 때까지 기다리자며 "절대 미리 취소하기 없기!" 하면서 내게 몇 번이고 다짐에 다짐을 받았다. 그러나 '혹시나'는 '역시나'로 끝나버렸다.

그사이 MBC에서의 나의 활동에도 약간의 변화가 생겼다. 2020년 봄 개편까지만 하기로 했던 심야 음악방송 〈조PD의 비틀스 라디오〉를 가을까지 연장하기로 한 거다. 당시는 코로나바이러스가 무섭게 번지던 때여서 해외로 나가 오래 머물 만한 상황이 아니었다. 그런 사정에서 좀 더 연장하자는 회사의 제안에 그러자고 승낙했다. 이렇게 한 학기를 더 하고, 이번 가을에 마침내 완전한 백수가 되었다.

꿩 대신 닭, 냉면 대신 밀면, 콩국물 대신 베지밀이라고 순례 계획을 상황이 나은 국내 쪽으로 돌릴 마음이 들었다. 제주도 올레길을 한 바퀴 돌까? 울릉도의 끊긴 해안 길이 완전 개통되었다는데 거기를 갈까? 여러 궁리를 하다가 내린 결론이 바로 770킬로미터 동해안 해파랑길이다. 마침 두어 달 전에 전 코스를 완주한 대학 동창이 있어서 정보를 얻고 보니 호기심이 더 일었다.

"화려한 제2의 인생 어쩌고 운운하지만, 다 놀고 자빠지라고 해. 은퇴는 그저 쓸쓸하고 비참한 '흑역사'의 시작이야! 거기에 적응해야 한다고."

먼저 직장을 그만둔 친구가 내게 던진 강력한 경고 메시지다. 그러기 위해서는 회사 일은 싹 잊으라고, 일터 근처에는 얼씬도 말라고 했다.

하지만 37년을 일해온 나로서는, 방송 PD라는 엔진의 시동은 꺼졌지만, 모터는 한동안 탄력을 받아 돌아갈 것이다. 출근 시간이 되면 나가려 할 것이며, 새해 달력을 받아 들면 빨간 날을 세거나, 연휴가 며칠이나 겹치는지 진지하게 체크할 것이다. 후배들이 만든 방송을 들으면서 뭔가 참견하면서 '라테는'(나 때는 말이야) 하고 늘어놓으려 할지도 모른다.

어떻게 하면 모양 빠지지 않게, 품위를 지키며 스스로를 리셋reset할 수 있을까? 원초적이고 힘든 일을 오랜 시간 겪으면 새로워지지 않을까? 그런 생각에 이처럼 길고 무모하기까지 한 도전에 나섰던 것인지도 모르겠다.

과연 트레킹을 시작하며 회사 일을 떠올리는 경우가 드물었던 걸 보니 이제까지는 성공인 듯하다. 반면에 가족에 대한 애정과 그리움은 점점 깊어진다. 이 글을 아내가 읽을 것이라서 쓰는 건 아니다.

오늘은 두 코스와 2분의 1을 소화했다. 19코스인 장사해변에서 출발해서, 20코스인 강구항과 영덕해맞이공원, 21코스인 축산항까지다. 지난여름 태풍으로 해안 길 곳곳이 끊기고 난간이 유실되어 위태위태한 장면이 많았다. 너무 위험한 구간은 자전거 길을 이용해 걸었는데 차량 소음도 심하고, 과속하는 차들의 위협도 견디기 힘들었다.

5만 보, 35킬로미터 정도 걸은 듯. 곳곳이 찢겨나간 해파랑길 정비 사업은 언제 시작되려나!

해파랑길 가요 베스트
해파랑길 13일째

하루 30킬로미터의 강행군이니, 힘든 걸 잊기 위해 가장 많이 하는 건 친구와 나누는 이러저러한 대화다. 45년을 알고 지냈으니 본인은 물론 가족이며 인척 관계, 건강, 재산 상태, 과장해서 그 집의 숟가락 개수까지 알고 있다. 그런데 재방, 3방, 4방, 들은 얘기를 또 듣고 들으며 재밌어한다. 그다음엔 때로는 함께, 가끔은 독창으로 부르는 노래다.

우리나라 사람들은 모이면 누군가에게 노래를 시키고, 막상 노래를 부르면 귀를 기울이지 않는다. 예전에는 그렇게 생각했다. 나도 한국인이지만 참 매너가 없다. 어찌 노래야 나오너라, 안 나오면 쳐들어간다. 노래를 못 하면 장가를 못 들고, 장가를 못 들면 아이를 못 낳고, 어쩌고 운운하면서 노래를 강요하다가 막상 마음먹고 부르기 시작하면 외면하고서 자기들끼리 낄낄거리며 떠들어 댄다. 부르는 사람의 민망함쯤이야 노골적으로 무시한 채 말이다. 하지만 요즘은 확실히 달라지기는 한 것 같다. 그 정도의 배려쯤은 다들 하는 모양이다. 아니 어찌 보면 사람들이 대거 모여서 노래 한 곡조씩 빼야 하는 자리 자체가 없어져 내가 착각하고 있는지도 모른다. 그런데 노래를 청하면서 으레 하는 말이 "18번 있잖아. 그거 해봐"라고 할 때의 18번은 일본에서 나온 단어다. 상식 사전에 이렇게 나와 있으니 참고하시길.

"'애창곡', '장기'의 뜻으로 쓰이고 있는 '18번'이란 말은 일본에서 건너온 말이다. 17세기 무렵, 일본 가부키 배우 중 이치가와 단주로市川團十郎라는 사람이 자신의 가문에서 내려오는 기예 중 크게 성공한 18가지 기예를 정리했고 이를 '가부키 십팔번'이라 불렀다. 이처럼 18번은 단주로 가문의 대표적인 희극을 가리키는 말이었는데 이 의미를 확대 사용함으로써 일상용어가 된 것이다."

어떤 이는 일본에서 건너온 말이니 쓰지 말자고 하고, 또 다른 이는 '십팔'이란 어감이 좋지 않으니 듣기 거북하다고 한다. 나도 여기에 동의하는 편이다. 같은 일본산 외래어라도 쓰면서 마음이 불편해지는 것들이 분명 있다. 그중에는 이쑤시개를 말하는 '요지'가 있는데, 이런 에피소드를 내게 안겨주었다.

하루는 교양 있는 척하는 중년 여성과 밥을 먹게 되었다. 식사를 끝내고 계산을 기다리는 동안 "이쑤시개 어디 있느냐"고 주인한테 묻자 그녀가 씩 웃으며 다들 들으라는 듯이 "이쑤시개가 뭐예요, 품위 없게. '요지'라 그래야지요, 호호" 하면서 망신을 주었다. 물론 나는 입만 샐쭉거렸을 뿐 말의 어원 따위를 설명하지는 않았다. 여기에 쓰려고 놔둔 거다. 요지는 이쑤시개의 일본말이다. 한자로는 楊枝(양지)로 버들가지를 말한다. 예전 일본에서는 버드나무 가지로 이쑤시개를 만들었다.

노래 얘기하다가 다른 길로 샜다. 해정 군은 동창 중에서 소문난 우리 고을 명가수다. 회사를 그만둔 후에는 경기민요를 배우러 다녔을 만큼 노력파이기도 한데, 트로트, 포크, 크로스오버 가요를 두루두루 불러댔다. 나야 30여 년간 음악 프로듀서로 다져진 몸, 히트곡이라면 어느 시대의 어떤 노래도 알고 있는 건 당연하지만 해정 군의 기억력에는 감탄이 절로 나온다. 어찌 그리 가사의 토씨 하나를 안 틀리고 부를 수 있는가 말이다.

여기서 해파랑 히트곡 차트를 소개한다.

 1위 '조약돌'(박상규)

 2위 '당신은 모르실 거야'(혜은이)

 3위 '굳세어라 금순아'(현인)

 4위 '고향역'(나훈아)

 5위 '가는 세월'(서유석)

어디를 봐도 애창곡 위주의 평범한 히트곡 나열일 뿐 음악 전문 PD의 선곡은 아니다.

'조약돌'과 '친구야 친구'를 부르니, 가수 박상규의 생전 모습이 떠오른다. 노래 실력도 빼어났지만, 방송 진행 솜씨 역시나 훌륭하고 재치 있었다.

　MBC 라디오는 내가 입사한 이후인 1984년까지 〈달려라 팔도강산〉이란 프로그램을 진행했다. 나는 그가 진행하는 방송을 맡은 적은 없지만 자주 볼 기회는 있었다. 그는 라디오 MC가 펑크를 낼 때마다 '어디선가 누군가에게 무슨 일이 생기면 틀림없이 나타나는 홍 반장'처럼 나타나

고래불해변

우리를 도와주었다. 사람들은 그를 '땜빵' 전문 진행자라 불렀다.

박상규를 생각하면 떠오르는 것이 있는데 한때 그가 경영했던 서초동의 술집으로 상호가 '막내'였다. 35년이나 지났는데도 그 술집의 구조가 아직도 기억에 선명한 게 신기하다. 술꾼이 술집을 하면 사달이 나게 되는 것인지. 워낙 음주를 즐겼던 그는 세 차례의 뇌졸중을 겪은 후 71세로 세상을 떴다. 따뜻한 인품의 박상규 선배님의 명복을 빈다!

오늘의 걷기는 축산항에서 고래불해변까지 16.1킬로미터, 고래불해변에서 후포항까지 11.5킬로미터, 도합 27.6킬로미터. 우리가 가장 사랑해 마지않는 고교 동창 임두현 군이 서울에서 명품 족발을 사 와서 실컷 먹었다.

양이 많으세요? 적으세요?
해파랑길 14일째

돌아가신 아버지께서 생전에 이런 말씀을 하셨다. "애야, 아무리 입에 당기더라도 '죽粥'은 먹지 마라. 그건 몸이 아프거나 돈이 없거나, 아니면 연약한 사람이나 먹는 거란다. 그 대신에 너는 술을 마셔라. 그건 건강하고, 돈과 친구가 있는 사람이나 할 수 있는 것이다."

나의 부친 얘기가 아니다. 아버지께 들은 이 말을 잘 기억하고 실천하는, 어제 서울에서 4시간이나 차를 운전해서 온 임두현 군의 부친이다. 두현 군의 양손에는 돼지족발과 과일과 채소에 소주, 맥주, 막걸리 등 주류 3형제도 잔뜩 들려 있었다. 우리는 모텔에 들어서자마자 익숙한 솜씨로 상을 차려 곧바로 음주에 돌입, 허겁지겁 허기를 채웠다.

해파랑길은 전체 길이가 770킬로미터라고 되어 있는데, 며칠 전에 무료해서 한번 체크를 해보았다. 그런데 모든 구간을 아무리 더해도 741킬로미터밖에는 안 되는 거다. 왜 계산이 틀린 거지? 그저 추측하기로는, 애초에 틀린 걸 모르는 채로 인쇄물 등을 만들어 뿌렸는데 여기저기서 그대로 인용하는 바람에 고칠 기회를 놓친 게 아닌가 싶지만, 그래도 이건 좀 아니지 싶었다.

해파랑길은 트레킹하는 사람이 적어서 그런 것인지 전체적으로 정비가 덜 되어 있고, 시설도 엉성하다. 거리 표식이 실제와 맞지 않은 곳이 한두 군데가 아니다. 심지어는 '축산항 0.8킬로미터'라고 되어 있는 표식을 지났는데, 다시 '축산항 1.5킬로미터'라는 이정표와 마주쳐 황당했던 적도 있다.

하루 30킬로미터를 걸어야 하는 트레킹족에게 몇백 미터는 무덤덤하게 받아들일 수 있는 거리가 아니다. 동행하는 친구가 어쩌다 혼자서 가게에 다녀오겠다든가 심부름을 해주겠다면, 그보다 고마운 일이 없다. 그것이 단 100미터 거리일지라도.

한번은 친구를 위해 내가 통 큰 봉사를 한 적이 있었다. 포항의 송도해변에서 17코스의 스탬프를 찍는 걸 잊고, 1킬로미터쯤을 지나쳤을 때 나는 자진해서 혼자 뛰어가 친구의 것까지 도장을 받아다 주었다. 체력 테스트를 할 요량도 있긴 했지만…….

여러 우여곡절 끝에 지도상의 해파랑길 770킬로미터 중에서, 어제까지 372킬로미터를 주파했다. 해파랑길 전체 코스의 반을 넘어서면서, 크게 무리하지만 않으면 11월 25일 무렵까지 완보完步할 수 있을 거라는 자신감이 생겼. 미리 준비해 가져간 발바닥 충격 방지용 '여성 생리대'는 오늘까지는, 아니 앞으로도 별 필요가 없을 듯하다. 지금까지 본 바로는 발가락이 서로 부딪혀서 피부가 물러지거나 헌데가 생길 것 같지는 않다.

말이 나온 김에 털어놓는 거지만, 먼저 해파랑길을 다녀간 친구는 여성 생리대가 꼭 필요할 거라며 2다스나 사서 선물로 주었다. 발바닥에 붙이면 효과 만점이라며, 만약

영덕 메타세쿼이아 숲

다 써서 떨어지게 되면 약국에서 구입하란다. 그러면서 다만 약사가 곤란한 질문을 할지 모르니 답을 생각해 두라고 한다. 그건 "같이 지내시는 분이, 양이 많으세요? 적으세요?"라는 거였다. 자기는 그 말을 약사에게 두 번이나 들었다면서 묘한 체험이었다고 웃으며 덧붙였다. 환갑 나이의 얼리 실버Early Silver 아저씨에게도 그렇게 묻나? 혹 약사가 나에게 그렇게 묻는다면 왠지 생산이 활발했던 젊은 시절로 돌아갔다고 기뻐하게 될까?

오늘은 어제 위문차 찾아온 임두현 군을 위해 반나절을 쉬었다. 영덕의 메타세쿼이아 숲을 산책하고 해변의 카페에서 커피 한 잔의 여유도 즐겼다. 그리고 후포에서 제일 유명하다는 전복죽집을 찾아가 점심을 먹었다. 전복죽은 몸이 아픈 사람이나 돈 있는 사람이 먹는 건 아니다. 두현 군의 부친이 돌아가신 게 20년이 훨씬 넘었으니, 고품격 건강식품의 대명사가 전복죽이 된 걸 그분은 몰랐을 터다.

오늘은 한 코스만을 걸었다. 후포항에서 기성 버스터미널까지 18.2킬로미터.

우리가 환상의 콤비인 이유
해파랑길 15일째

혼자가 아니라 여럿이 함께 여행을 다니면 뭔가 문제가 생기게 마련이라고 한다. 둘이면 반드시 갈라지고, 셋이면 하나를 왕따시키는 일이 벌어진다면서.

코로나 때문에 취소하게 되었지만, 금년 초 산티아고 순례길을 계획하면서 해정 군과 그런 얘기를 자주 나누었다. 그토록 사이가 좋던 친구가 돌아오는 길에 서로 말도 안 섞더라는 둥, 심지어는 트레킹 내내 개인 플레이를 하다가 따로 귀국하는 걸 본 적이 있다는 둥 그런 말들.

솔직히 내심 그 점이 염려가 안 되었던 건 아니다. 생각

끝에 이런 결론에 도달했다. 이런 비유를 하고 싶다. 부부가 티격태격해도 헤어지지 않고 사는 건 대부분 관계가 좋고 천생연분이어서라기보다는 '결정적인 순간' 혹은 '진실의 순간'을 잊지 못해서라고 생각한다. 처음에 매력을 느꼈던 몇 초의 짧은 순간, 어느 때인가 내게 해주었던 고마운 응대나 배려 따위 말이다.

2018년 인도 쪽 히말라야의 칸첸중가 베이스캠프에 갔을 때 고산병으로 크게 고생한 일이 있다. 어찌어찌 목적지에 오르기는 했는데 며칠 동안 비위가 상하고 속에 탈이 나서 아무것도 먹을 수가 없었다. 그때 캠프에서 머물던 이틀 내내 해정 군은 자기 텐트를 버려두고 나와 함께 지내면서 갖은 심부름을 도맡아 주었다. 봉우리 탐방 일정까지 포기하면서 말이다.

그리고 하산하는 길. 그저 내려오기만 하면 되는 과정이라면 어떻게 참아볼 수 있을 테지만 오르락내리락을 반복해야 했으니, 제대로 먹지를 못한 나로선 감당하기 힘들었다. 내리막은 어찌어찌 걷는다 쳐도, 오르막에서는 어쩔 도리가 없었다. 결국, 현지 짐꾼들이 돌아가며 나를 업어주었다. 해정 군은 끝까지 리드해주면서, 잠시나마 직접

어부바(여기에는 이 표현만 한 게 없다)를 해주기도 했다. 정말이지 강철 체력도 체력이거니와 책임감까지 투철한 휴먼 드라마의 주인공이었다.

칸첸중가 트레킹을 끝내고 귀국해서 한동안 해정 군으로부터 "넌 나 아니었으면 죽었어!"라는 소리를 귀가 따갑게 들어야 했다. 하지만 그건 어느 정도 사실이거나 사실에 가깝기에 가만히 듣고 있을 수밖에. 그러고 보니 해발 3,777미터의 후지산을 오를 때도 그랬던 것을 보면, 난 태생적으로 고산에는 취약한 신체 구조를 가진 모양이다.

어쨌거나 내가 친구에게 느끼는 '결정적인 순간'이라면 바로 그때가 아닌가 싶다. 가끔 의견이 맞지 않고, 그의 행동이나 반응이 미울 때조차 그 '진실의 순간'은 결국 나를 제자리로 돌려놓고 만다. 위기의 부부라도 여간해서는 깨지지 않는 것은 이와 같은 메커니즘, 그를 작동 원리로 하고 있기 때문이 아닐까 생각해보았다.

여기까지는, 해정 군과 나 사이에 트러블이 일어나지 않는 심리적인 베이스의 근거이다. 실질적이라고 할까? 실리적인 효용성이라고 해도 좋은데 역할 분담이 확실한 덕택에 별다른 다툼이 없었다고 본다.

나는 그날그날 걸어야 할 거리를 산정하고, 숙소를 섭외한다. 또 음식점도 매번 인터넷으로 검색해서 적당한 곳으로 안내한다. 그리고 예산 집행도 체크한다. 이렇게 써 놓으면 내가 여행에 필요한 모든 프로그램을 관장하는 듯 보이지만 실은 해정 군의 역할이 훨씬 크게 중요하다. 바로 길을 안내하는 일.

해파랑길은 조성된 지 얼마 안 돼서 그런지, 거리 표식이나 안내문이 턱없이 부족해서 길을 잃기 일쑤다. 게다가 지난번 휩쓸고 간 태풍 때문에 해안도로 곳곳이 끊기고 유실되었다. 길이 어디로 뚫리고 어디서 막힐지 가늠하고, 방향을 결정해야 하는 길라잡이로서 해정 군은 발군의 실력을 발휘했다. 특히 시력이 어찌나 좋은지 코딱지만 한 빨간색 방향 표시 스티커를 100미터 거리에서도 신기할 정도로 잘 찾아낸다. 공간지각이 뛰어나달까, 시야가 넓다고 해야 할까. 그저 앞만 보고 걷는 나와는 다른 차원의, 오감이 뛰어난 친구다.

해정 군은 울산 태화강 구간에서 택시에 놓고 내린 스마트폰을 내가 여기저기 인터넷으로 검색해서 찾아준 일을 두고, "앞으로 주인님으로 모시겠다"면서 너스레를 떨었다. 그렇지만 실은 안내 표지판 하나 제대로 못 찾는 내가 혼자 트레킹에 나섰더라면 어떤 일이 벌어졌을까. 생각만 해도 끔찍하다. 그러니 뭔 다툼이나 트러블이 생기겠는가.

오늘은 꽤 많이 걸었다. 기성리 버스터미널에서 수산교, 다시 울진에 들어서서 죽변 입구까지 무려 33킬로미터.

기성리 해변

강원도래요
해파랑길 16일째

 돌이켜 보건대 해파랑길 770킬로미터는 쉽지 않은 도전이다. 그나마 다행인 건 미터 표시가 엉터리여서 20여 킬로미터를 먹고 들어간 것! 이정표 상으로 오늘까지 472킬로미터를 걸었으니 앞으로 300킬로미터가량 남았다. 12일 정도 더 걸으면 국토 대종주가 완성될 것이다.

 마라톤 애호가인 무라카미 하루키는 《달리기를 말할 때 내가 하고 싶은 이야기》(문학사상)이란 수필집에서 이렇게 썼다. "정말로 가치 있는 것은 효율이 떨어지는 영위를 통해서만 얻어진다."

달리기는 효율이 떨어지는 대표적인 행위다. 자동차나 최소한 자전거로 쉽게 갈 수 있는 거리를 땀을 삐질 흘려가며 한참 만에야 겨우 도달한다. 트레킹은 조깅보다 비효율적이다. 1시간을 꼬박 걸어도 4킬로미터 남짓 갈 수 있다.

하루키는 달리기가 진정 가치 있는 영위라고 했다. 그 이유가 뭘까? 그가 말하는 게 경제적인 의미의 가치는 물론 아닐 거다. 아마 가치관을 말하는 것이 아닐는지. 무엇이 가치가 있는지, 그것을 구별할 줄 아는 눈을 말하는 게 아닌가 생각해보았다. 사랑하고 용서하는 사람은 거기에 가치를 둔다. 거짓말하는 사람은 정직함보다는 남을 속여서 이득을 취하거나 곤란한 상황을 모면하는 것이 더 가치 있다고 여긴다. 분노하는 사람, 질투하는 사람, 사치하는 사람. 모두 가치관 문제다.

나는 조깅에 취미를 가지게 되면서 묘한 경험을 했다. 매일 달리기를 시작하기 전에 그날그날 내가 처리할 안건이랄까, 마음에 부담이 됐던 문제를 내 머릿속에 상정한다. 그리고 나서 조깅을 하는 동안 하나하나 짚어 나가는 거다. 대개는 남에 대한 원망과 분노, 그리고 잘못을 저질렀거나 부끄러웠던 행동에 대해 타협하거나 합리화시킨다. 처리 혹은 해결 프로세스는 이러하다.

1. 그 사람은 왜 그런 못된 행동을 했을까?
2. 나는 그럼 그에게 잘했나?
3. 내가 다른 사람한테 그와 비슷하게 그릇된 태도를 취한 적은 없었나?
4. 나도 잘한 게 없으니, 용서하거나 잊자!

이렇게 남을 향한 화를 삭이고, 스스로 아전인수 과정을 거치다 보면 어느덧 1시간의 조깅도 대개 끝이 난다. 마음속 앙금이나 티끌은 샤워 물줄기와 함께 씻겨 내려간다. 1시간 남짓의 조깅이 그러할진대, 동해안 해파랑길 770킬로미터의 여정은 내 마음속 얼크러진 번뇌를 얼마나 삭여줄까. 그런 기대를 갖고 출발한 걷기였다.

오늘은 죽변 초입에서 부구삼거리까지 13킬로미터, 부구삼거리에서 호산 버스터미널까지 10.7킬로미터, 여기에 임원항까지 8킬로미터를 더해서 32킬로미터를 걸었다.

호산리 가곡천에서 본 회귀의 대장정을 막 끝내고 이승

에서의 삶을 마감한 연어들의 사체를 보았던 기억에 마음이 애잔해진다. 우리도 얼마 안 있어 인생 소풍이 끝나면 무無의 세계로 돌아가겠지?

2주일이 꼬박 걸린 경상도 해파랑길 코스를 마치고 강원도 삼척으로 넘어가자 목적지가 코앞에 다가온 것 같은 착각마저 들었다. 도의 경계는 낮은 산 하나였을 뿐인데도 임원항 식당 손님들의 목소리에서 느껴지는 분위기가 확연히 다르다. 그러고 보니 누군가 "여기는 왜 경상도 사투리가 안 들리는교?" 하고 물으면, "강원도래요"라고 답하면 되는 곳이다.

강원도로 들어서면서 높고 촘촘한 철책을 보고 해안 경비의 삼엄함을 느꼈다. 동해의 자연경관을 위해서라도 남과 북이 사이좋게 지내야 할 것 같다. 탄력을 받아 내일도 힘내자!

P.S. 임원의 미탁 막걸리가 맛있다!

보슬비 오는 섬마을 선생님
해파랑길 17일째

오늘로써 해파랑길 코스의 3분의 2를 걸은 셈이다. 한때 '비정상의 정상화'라는 말이 유행했었다. 비정상적인 것, 잘못된 관행을 바로잡아서 정상적인 것으로 만들겠다는 뜻이었지만, 그걸 기치로 내걸었던 정권은 몰락하고 만다. 그건 자신들이 '비정상의 산실'이었다는 자각부터 선행되었어야 하는데, 비정상을 비정상인 줄도 모르고 정상화하겠다는 의도부터가 비정상 아닐까? 갑자기 이 말이 떠올랐던 이유는 매일매일 평균 잡아 30킬로미터를 걷는 일이 보통 사람에게는 비정상적인 일이지 않을까 하는 생각이 들어서다.

  하지만 기적은 누구에게나 일어나는 법. 걷기가 일상이 되고 습관이 되면, 오히려 움직이지 않고 가만히 있는 게 비정상이 되는 거다. 전체 스케줄에서 중반을 넘어서 종반으로 치닫고 있지만, 몸에 부담을 느낀다거나 아프거나 힘든 구석이 하나도 없다. 정말 우스갯소리로 이 기세로 쭉 올라가면 휴전선 철조망을 뚫고 강원도를 벗어나 함경남북도를 거쳐, 두만강까지 닿을 것 같다. 바야흐로 비정상의 정상화를 이런 식으로 체험하고 있다.

길에서 부르는 노래는 언제나 위안이 된다. 앞서 해파랑길 가요 베스트 몇 곡을 소개했었다. 해정 군과 나의 공통분모인 그 '길보드 차트'와는 상관없이 내가 트레킹 중에 즐겨 불렀던 노래는 따로 있다. 내가 태어나 노래라는 걸 처음 접하고 어른들 흉내를 냈던 그 시절에 내게는 두 곡의 레퍼토리가 있었다. 그중 한 곡이 성재희의 '보슬비 오는 거리'다.

  초등학교 들어가기 전인 1965년 무렵이었다. 친척들이 집에 모이는 날이면 아이들에게 어깨너머로 배운 유행가

성재희의
'보슬비 오는 거리'
앨범 재킷

한번 부르라거나, 아니면 당시에 유행하던 트위스트 좀 춰 보라며 흥을 유발시키곤 했다. 그야말로 문화 빈곤의 시절이었다. 당시에 즐겨 불렀던 노래가 바로 '성재희'의 '보슬비 오는 거리'였다. 내게는 첫 번째 유행가라고 할 수 있다.

여러 사람 앞에서 이 노래를 부를 때마다 환호의 강도가 꽤 컸던지 나조차도 어느 순간 마치 지존인 양 착각하게 되었던 모양이다. 요즘으로 말하면 〈미스터 트롯〉의 정동원 어린이가 된 것처럼 말이다.

명절이 끝나고 친척들에게 받은 돈이 꽤 두둑했던 그즈음의 어느 날이었다. 동네에 노래자랑이 열린다는 소식이

내 귀에 들어왔다. 1등 상 상품은 무려 '금반지!' 장소는 지금의 중랑구 신내동 어디쯤이었던 걸로 기억한다. 그때부터 가족과의 실랑이가 시작되었다. 금반지를 타 오겠다는 나를 "다 사기다" "짜고 치는 고스톱이다"라며 다들 말렸다. 그것도 실실 웃어가면서. 아마도 나는 그 웃음 속에 들어 있는 '어리석은 놈'이란 뉘앙스를 눈치챘기에 더 떼를 썼던 것인지도 모른다.

어쨌거나 힘으로, 논리로, 당장 주머니에 없는 참가비 문제로(친척에게서 받은 돈은 일단 몰수당하던 시절이었으니), 결국 노래자랑에 나갈 수 없게 되었다. 내가 할 수 있는 것은 마냥 목 놓아 우는 일뿐. 그 이후 초등학교를 졸업할 때까지 내게는 '금반지 사건'이 제일 듣기 싫은 과거사가 되었다. 금반지의 '금' 자만 나와도 내빼기 바빴다.

'보슬비 오는 거리'는 라디오에서는 거의 들을 수 없고, 가끔 〈가요무대〉에 나오는데 그때마다 당시의 가슴 아픈 추억(?)을 소환하곤 한다. KBS라디오악단을 이끌던 김인배 단장이 관악기 주자여서인지 서주와 간주를 장식하는 트럼펫 솔로가 멋들어진다. 이 관악기 전주까지 흉내 내며 걷다 보니 애잔한 기억이 되살아났다.

이미자의
'섬마을 선생님'
앨범 재킷

다른 한 곡은 이미자의 '섬마을 선생님'이다.

　나는 베이비붐 세대의 한가운데인 1960년에 태어났다. 한 가정에 아이가 최소한 네댓 명은 있었고, 예닐곱인 경우도 흔했다. 우리 집도 아이가 여섯이나 됐으니 공무원인 아버지의 벌이로는 아무래도 가족을 건사하는 게 힘들었을 거다. 그에 대한 단기적인 해결책이라면 아이 중 하나쯤은 친가나 외갓집에 맡기는 일이었다. 그렇다고 젖먹이나 학교에 입학한 자식을 보낼 수도 없다 보니 자연스럽게 6, 7세 아이가 맞춤이었다. 우리 집에서는 영광스럽게 내가 선발되었다.

이렇게 해서 1966년 9월 무렵부터 이듬해 2월까지 나는 경기도 용인의 외갓집에서 지냈다. 당시에도 시골에는 아이가 많지 않아서 꽤 심심했던 기억이 있다. 그나마 위로가 됐던 게 외할머니와 함께 듣던 라디오 드라마였다. 그중 가장 기억에 남는 작품이 〈섬마을 선생님〉이었는데 시작과 끝에 나오는 주제곡이 특히 좋았다.

"해당화 피고 지는 섬마을에, 철새 따라 찾아온 총각 선생님. 열아홉 살 섬 색시가 순정을 바쳐 사랑한 그 이름은 총각 선생님. 서울엘랑 가지를 마오, 떠나지 마오."

강원도에 들어서자 해변에 많이 피어 있는 해당화가 눈에 들어왔다. 늦가을이라 꽃은커녕 잎사귀마저 말라 있거나 그마저도 다 떨구어 앙상한 가지를 드러내고 있었다. 홍자색이기는 하나 꽃잎 빛깔이 연하고 단풍도 짙게 들지 않으니 장미과의 열등생이 아닌가 싶다. 북한 땅 원산에 명사십리 해수욕장의 해당화가 특히 유명하다고 하는데, 꼭 가보고 싶은 곳 중 하나다.

임원항에서 용화 레일바이크역까지 9킬로미터, 다시 궁촌

레일바이크역까지 7킬로미터, 맹방해변까지 8.8킬로미터, 내친김에 삼척항까지 8킬로미터를 더 걸었으니, 33킬로미터를 주파!

중간 점검
해파랑길 18일째

오늘 오후까지 520킬로미터를 돌파해 묵호에 도달했다. 앞으로 220킬로미터 남짓 남았다. 매일 엄지손가락으로 꽤 긴 글을 써 나가려니 시간도 오래 걸리고, 자꾸 생기는 오타와 그 수정 과정이 번거롭다. 오늘은 해정 군과 나의 현재 상태에 대한 몇 항목을 비교해 올리는 것으로 대신한다.

짐: 애초에 참 많이도 싸 왔다. 쓸모없는 물건은 두 번에 걸쳐 편의점 택배로 집에 보냈다. 트레킹에는 여분의 속옷 한 벌씩과 방한용 조끼 하나, 예비 양말 한 켤레로 족하다.

바지나 티셔츠는 숙소를 조금 일찍 잡은 날 빨아서 다음 날에 입으면 된다.

체중 변화: 둘 다 없다. 하루 30킬로미터씩 걷고 있으니 그 엄청난 운동량에 체중이 줄 것도 같은데 친구와 내게 별다른 변화가 일어나지 않았다. 어쩌면 오히려 조금 늘었다는 기분이 든다. 트레킹 시작 후 열흘쯤 지나 딱 한 번 체중계에 올라가봤는데 출발 전과 동일했다. 그 이후에 대중목욕탕이나 특급 호텔을 이용할 일이 없어 몸무게를 잴 기회가 없었지만, 자기 몸은 자기가 안다. 또 매일 봐주는 파트너가 감지하지 않는가! 사진을 찍었더니 사탕 하나씩 물고 있는 것같이 볼이 빵빵하다. 해정 군이 은근히 걱정하며 "집에 돌아가서 우리가 고생했다고 말해도 통통한 얼굴 보면 안 믿어줄 텐데 어쩌지? 사흘쯤 굶고 가야 하나?"라고 너스레를 떨기도 했다. 트레킹 친화적인 몸을 가졌으니 얼마나 좋은가 말이다. 누군가 그러겠지? "걷기 친화적 좋아하시네. 그만큼 더 드셨으니 그 몸무게일 테지."

육체의 컨디션, 다리나 발 등의 상태: 둘 다 아무런 지장이 없다. 물파스, 스포츠 크림, 발바닥 보호에 쓸 여성 생리 대 같은 건 16일 0시 현재, 필요 없는 것으로 판명 났으나 앞으로는 모르는 일. 다만 발가락양말과 일회용 밴드는 몇 개 썼다.

장기 트레킹에 따른 정신적 권태감: 해정 군은 일정이 예상보다 일찍 끝나게 될까 염려하며 날짜 가는 걸 아쉬워한다. 100일은 더 걸을 수 있다면서. 나로 말할 것 같으면 컨디션이야 더할 나위 없이 좋지만, 이제는 슬슬 집에 돌아

우리를 응원해준 플래카드

가고 싶어진다. 가족이 그립고, 아내가 해주는 밥이 눈앞에 아른거린다.

언어 생활: 둘 다 말이 거칠어졌다. 갓길을 걷는 우리를 향해 난폭 운전하는 이들을 볼 때마다 어김없이 찰진 욕을 퍼붓는다. 둘의 대화를 누군가 지켜본다면 이런 말을 할지도 모르겠다. "쟤네들 국토대종단 순례하는 거 맞아? 욕쟁이 할배들 같으니라고."

대충 이 정도.

오늘은 이강용·진익주·이좌근 군과 송천한·전하은 후배 등 친구들이 찾아와서 동행하느라 적게 걸었다. 삼척항에서 추암해변까지 7킬로미터, 추암해변에서 다시 묵호역 입구까지 13.6킬로미터, 여기에 어달해수욕장까지 1.4킬로미터, 도합 22킬로미터.

양희경 누나

페이스북에 매일매일 일기를 올리고 그 반응을 보는 재미도 쏠쏠하다. 특히 지인 몇몇은 하루도 빠지지 않고, '좋아요'와 더불어 몇 마디씩 감상평을 굴비로 달아준다. 그중 으뜸은 '양희경' 누나다.

나는 출신이 서울 깍쟁이라서 그런지, 사회에서 만난 사람과 통성명하고 나이를 물어본 다음에 예사로 '형' '동생' 하며 트는 경우를 보면 여전히 어색하다. 동료 PD들 중에는 프로그램 출연을 계기로 알게 된 지 불과 며칠 만에 "앞으로 형이라고 부를게!" "넌 나이가 어리니 편하게 형이라고 해!" 그렇게 유들유들하게 스타 연예인들을 자기 사람으로 만들어버리는 이들도 적지 않다.

난 그걸 부럽게 지켜볼 뿐 그저 몇 명하고만 그마저도 십수 년 이상의 세월을 묵힌 다음에야 '형'이란 말을 수줍게 꺼낼 수 있었다. 그나마 조용필, 최백호, 강석, 이수만 정도인가? 물론 고등학교 직속 선배인 배철수 형에겐 자연스럽게 호칭이 튀어나오긴 했다.

누나 혹은 누님의 경우는 더 없다. 가수로서는 김수희 누나가 있는데, 내가 프로그램을 옮겨 다닐 때마다 만사

제치고 전폭적으로 출연해준 것이 고마워서 친밀감을 드러내고 싶었다. 또 내가 1990년 무렵에 나온 '서울 여자'라는 앨범의 타이틀 곡을 바꾸라고 강력히 주장해서 '애모'를 히트시켜준 인연도 있었다. 그해 김수희 누나는 바로 그 '애모'로 KBS에서 가수왕으로 뽑힌 바 있다. 으쓱으쓱~

그런데 양희경 누나는 좀 특별한 케이스가 아닌가 싶다. 진행자와 PD로 단 한 번도 프로그램을 함께했던 적이 없다. 그렇다고 고정 패널로 나왔던 기억도 없다. 그저 아주 고릿적 1985년 무렵, 당시 연출을 맡았던 〈이종환의 디스크 쇼〉 공개방송에서 브라더스 포Brother's Four의 오리지널 곡인 '일곱 송이 수선화Seven Daffodils'를 언니 양희은과 함께 불렀던 기억밖에 없다. 누나는 그때 아이를 데리고 왔었지 아마? 지금 영화배우이자 연극계에서 왕성한 활동을 하는 '한승현'일 거다.

  물론 양희경 누나와 방송사에서 자주 마주치기는 했다. 앞뒤 프로그램인 〈2시의 데이트〉와 〈양희경의 가요 응접실〉을 하면서 우스갯소리를 주고받는다든지, 대타 진행자로 나타날 때면(MBC 라디오에서 남자 '땜방' 전문 '홍 반장'은 박상규, 여자는 '양희경'이었다) 안부를 전하곤 하는 사이였다. 그런 가운데 지금처럼만큼이라도 친밀도가 깊어진 건 누나가 보여준 다정다감한 관심과 넉넉한 마음 씀씀이 때문이 아닌가 한다.

양희경 누나는 내가 보기에는 천재다. 어떤 면에서? 그녀처럼 멀티태스킹, 그러니까 몇 가지 일을 동시에 능숙하게 처리하는 사람을 본 일이 없다. 〈가요 응접실〉 프로그램 얘기가 나왔지만, 어느 날 혼자 진행하는 FM 생방송 스튜디오에 들어가 시시껄렁한 잡담을 나누었다. 그 현장에서 벌어진 일을 나열해볼까? DJ로 있었으니 청취자 사연과 스크립트를 체크해서 아나운스멘트를 했을 테고 선곡된 음반을 거는 것도 진행자의 몫. 거기에 연습 중이던 연극 대본을 외웠고, 간간이 찾아오는 손님을 응대해주었던 거다. 한 가지 일도 제대로 못 해 낑낑대는 우리에게는 '넘사벽'(넘을 수 없는 4차원의 벽) 내지는 '경계인'(경이로운 세계의 인간)이 아닐 수 없다.

어제 내가 어떻게 성재희의 '보슬비 오는 거리'와 이미자의 '섬마을 선생님'과 인연을 갖게 됐는지 하는 내용을 페이스북에 올렸더니 양희경 누나가 그걸 읽고 댓글을 달았다.

"노래를 그때부터 좋아했구나. 나는 현미의 밤안개! 선생님들의 요청으로 교실마다 다니며 불렀던 기억이 난다."

정말 이 교실 저 교실, 이 방 저 방을 경중경중 뛰어다니며 열창했을 누나의 모습이 확 연상되었다. 기회가 되면 꼭 한번 들어보고 싶다.

기왕 얘기가 나왔으니, 언니인 양희은 선배에 대한 기억을 되살려본다. 1987년 이수만 형이랑 〈음악캠프〉를 할 때의 일이다. 정동 MBC 공개방송에서 당시 CBS에서 DJ를 하던 양 선배를 초대했는데, 관객들 앞에서 두 사람의 입씨름이 아슬아슬 경계를 넘나들어 엔지니어 부스에서 조마조마했던 기억도 난다. 당시 초보운전이던 양희은 선배가 무사히 출발하도록 공개홀 밖까지 배웅해 드렸는데, 자동차 후면 유리에 붙어 있던 초보운전 알림 문구가 눈길을 끌었다.

"당신도 초보였다!"

2007년에는 〈여성시대〉에서 일본 현지 특집 생방송을 하게 되었을 때 내가 스튜디오며 출연자 섭외며 여러 과정들을 도맡아 해준 일이 있었다. 반나절의 시간적인 여유가 생겨서 스태프들과 하코네 근처 온천에 다녀오게 되었다. 그때 현지 일본인 운전자랑 일본어로 대화를 하는 양 선배를 곁에서 지켜보며 그 실력에 놀랐던 기억이 있다.

"언제 그렇게 일본어를 배우셨어요?" 하고 내가 물었다. 양 선배는 "저보고 언어에 재질이 있다고 많이들 그래요"라고 심상하게 대답했다. 다른 사람이었다면 "뭘 얼마나 한다고, 어깨너머 몇 마디 배운 거죠" 이렇게 답했을지도 모른다. 자신감 넘치고 에너제틱한, 그는 확실히 왕언니가 맞다!

해파랑길 맛집 부문 대상
해파랑길 19일째

잘 되는 음식점이라고 해서 주인이나 종업원이 친절한 건 아니다. 가게가 잘 되고 안 되고는 수요와 공급의 법칙에 의해서 결정될 뿐이다. 어느 집이 불친절한데 장사가 문전성시라면, 압도적인 맛의 차별화가 친절 변수 따위에 영향을 받지 않기 때문이다. 그런 곳은 손님이 친절해지기 때문에(그렇게라도 해야 그 잘난 음식을 입에 넣을 수 있으니) 큰 문제가 생기지도 않는다. 하지만 고만고만한 식당이라면 주인이나 종업원이 친절한 건 영업 성패에 큰 역할을 한다.

트레킹 19일째인 오늘까지 쉰다섯 끼니를 때웠다. 부산에서부터 울산, 경주, 포항, 영덕, 울진, 삼척, 동해 구간까지 섭렵했다. 비싸고 화려한 메뉴를 먹지 않아서 단정하기는 어렵지만, 경상도와 강원도의 동해안 쪽은 한마디로 음식 맛이 별로다.

해정 군과 심심풀이로 '해파랑길 각 부문 대상'을 뽑아봤다. 가장 치열할 것 같았던 '맛집' 부문의 후보가 시원찮은 것에 놀랐다. 게다가 그다지 친절하지도 않다. "조식 됩니까?" 하고 물으면 퉁명스럽게 "안 해요"랄지, "9시에 문 열어요" 이러고 만다. 이들에게서 손님을 모시지 못해 미안하다는 표정이나 미소는 찾아보기 어렵다.

어쨌거나 해파랑길 맛집 부문 대상에 해정 군은 포항 호미곶을 지나, 영일만의 '흥환'이라는 곳에서 아침으로 먹은 돼지국밥을 꼽았다. 주인아저씨가 미리 만들어 두었던 걸 데워주는 수준이었지만, 이런 의외의 수상은 흔히 있는 일 아닌가. 나라면 바로 오늘 아침밥으로 받은 북어국을 꼽겠다.

해수 사우나가 있는 묵호의 모텔에서 하룻밤을 곤히 자고 일어나 나온 시간은 오전 6시 반. 아침 식사 간판이 눈에 띄어 들어갔더니 곰치국과 회덮밥이 된단다. 어제 아침도 곰치, 전날에도 곰치를 먹어 그다지 당기질 않았다. 다른 집을 알아보겠다며 그냥 돌아나와서 10미터쯤 갔을까? 뒤에서 주인아줌마가 부르는 소리가 들려왔다. 북어국을 끓여줄 테니 먹겠냐는 제안이었다. 아무렴 좋지요! 게다가 5천원만 받겠단다.

　잠시 후 내온 북어국은 진하디진한 국물 때문에 순가락으로 바닥을 한번 훑어야 건더기들의 면면이 겨우 확인될 정도였다. 북어포와 계란 고명, 알맞게 썬 두부와 파가 알차게 들어 있는 국에 밥 한 그릇을 통째로 투하했다. 여기에 맛깔스러운 김치와 함께 먹으니 It's just like a paradise~ 노래가 절로 나온다. 아주머니에게 고향을 물으니 경상도 거창이라고 한다. 그러면서 어릴 때 배를 많이 곯아서 일단 주변 사람들을 먹여 놓고 봐야 마음이 편하단다. 5천 원의 2배인 1만 원씩 2만 원을 드리고 흐뭇하게 나왔다. 여기는 친절 부문 대상까지 2관왕.

　아 참! 식당 냉장고에서 어릴 때 소풍날에 챙겨 가던 추억의 음료 '미린다'를 꺼내 마셔봤다. 탄산의 톡 쏘는 맛이 없이 그저 촌스러운 식용색소 2호로 빛깔을 낸 들쩍지근한 설탕물이다. 실망감이 이만저만 아니다. 한때 애정을 듬뿍 쏟았던 옛 애인이 남루한 차림으로 나타나서, 보험 하나 들어준 느낌이랄까? 남의 품에 안겼어도 그래도 잘 살기를 바랐는데 말이다.

오늘 코스에는 별이 5개인 정동진에서 괘방산을 지나 안인 해변에 이르는 구간이 있었다. 별의 수는 난이도다. 괘방산은 해발 345미터. 서울로 치면 남산이나 아차산 정도 높이였는데 오르락내리락을 반복하면서 진을 빼놓는다. 순두부찌개로 점심을 먹고, 도전! 산 정상에서 정동진과 강릉해변의 경치를 감상할 기대감에 부풀었으나 중국발 황사로 시계가 극히 불량이다. 3시간 반의 힘든 구간을 마치고 나니 어스름 황혼이 찾아온다. 해가 많이 짧아졌구나! 이렇게 또 하루가 가고, 남은 거리는 200킬로미터가 채 안 된다.

오늘은 묵호에서 옥계항까지 13.8킬로미터, 다시 정동진

괘방산 정상에서

역까지 9.7킬로미터, 정동진에서 안인해변까지 9.4킬로미터, 도합 32.9킬로미터.

P.S. 35번 코스의 스탬프 부스가 없어서 인증샷으로 대신, 이런 황당함이란!

독한 술 말고 약한 술을 드시라!
해파랑길 20일째

걷기가 몸에 얼마나 좋은가에 대해 누군가 이런 이야기를 한 적이 있었다. 평소에 걸어 다니는 종합병원이라 별명이 붙을 만큼 복합 질환을 앓고 있는 사람이 신통방통하다는 명의를 찾아냈다고 한다. 한 가지 곤란한 점은 그 의사가 집에서 300킬로미터나 멀리 떨어진 곳에 있다는 사실. 일단 예약 상담을 위해 전화부터 했다는데, 의사가 조건을 하나 내세우더란다. 반드시 의원까지 걸어서 올 것! 평소에 걷지 않던 그에게 서울에서 대구까지의 거리는 만만치 않았을 거다. 열흘 가까이 온종일 걷고 또 걸어서 천신만고 끝에 나타난 환자에게 의사가 이렇게 말했다고 한다.

"당신의 병은 다 나았다. 집으로 돌아가도 된다."

거짓말 경진대회에서 입상권에 들 만한 허풍과 과장이 범벅된 얘기로 들릴 만하다. 그런데 이와 비슷한 스토리지만, 의사인 사촌 형이 들려주었기에 퍽 신뢰가 가는 얘기가 있다. 연예인 매니저 일을 하던 지인이 고혈압과 당뇨, 고지혈증 등 각종 대사증후군에 시달렸는데, 매일 성동구 금호동에서 여의도 사무실까지 편도 3시간씩 6시간을 걸어서 출퇴근했다고 한다. 그 결과, 모든 질환이 전부 없어졌다고. 그러니 건강하게 사시려면 걸으시라!

요즘 황사니 미세먼지니 해서 걷기에 나서기도 전에 다들 신경을 많이 쓴다. 사촌 형 지인이 대표적인 서울의 공해 구간을 그리 오래 걷고도 무사했던 걸 보면, 대기의 질에 너무 예민해할 건 아니라고 생각한다. 비실비실 지내시려면 누워 계시라!

매일 30킬로미터씩 걸으면서, 확실히 내 몸이 매일 업데이트되는 느낌이다. 거기에 노폐물이 쌓일 겨를이 없이 싹 빠져나간다는 개운함? 상쾌함? 아니 빠져나간다기보다는 그것들을 어딘가에 한데 모아놓고 소각하는 기분이랄까?

아무튼 그렇다. 대사가 활발하니, 술을 마셔도 금방 깬다. 해정 군과 나는 독주는 좀처럼 입에 대지 않는다. 주로 막걸리 각 한 병에, 기분 나면 한 병 추가로 끝낸다(이건 이번 트레킹 중에 그렇다는 거지, 평소에는 더 마시기는 한다).

우리가 막걸리를 으뜸 주종으로 바꾼 이유가 있다. 한 동창이 들려준 얘기 때문이다. 10년 전쯤인가. 애오라지 소주파인 한 친구가 술자리에서 막걸리를 시키는 거다. "왜 갑자기?" 우리가 묻자 그 친구는 그즈음 선배 한 분을 만났는데, "야! 내가 아는 친구 중에서 소주 먹던 놈들은 다 죽고, 막걸리 먹던 놈들만 살아 있어" 그러더란다. 독주를 삼가고 약한 술을 마셔라, 그 소리다. 그 순간 나를 포함해서 그날 함께 있던 친구 여럿이 일제히 "아줌마, 여기 막걸리로 주세요!"라고 외쳤던 기억이 생생하다. 다들, 오래는 살고 싶은가 보다.

독주 때문에 세상을 일찍 떠난 분 중에 영화평론가 정영일 선생이 기억난다. 영화 보는 일이 녹록지 않던 시절, KBS 〈주말의 명화〉 서두에 "이 작품 놓치면 가만 안 두겠습니다"라며 전 국민을 상대로 공개 협박하던 분이다. 1980년대 중후반 MBC-FM에서 〈음악과 인생〉이라는 프로그램을 진행하실 때 그분과 짧은 인연을 가졌다. 담당 PD는 다른 사람이었지만 스튜디오를 앞뒤로 쓰다 보니 가끔 대화를 나눌 수 있었다.

정영일 선생

정영일 선생은 1960년대부터 1970년대에 이르는 신문사 문화부 기자 시절에 영화사로부터 촌지를 받으면(당시에는 이런 뇌물이 일반적이었다고 한다) 그 돈을 후배들과 술 마시는 데 썼단다. 그것도 그 도수 높은 양주를 벌컥벌컥 들이켰다고……. 그때 마신 독주가 결국 독배가 되어서 1988년에 세상을 뜨셨다. 당시 기억에 스튜디오에서 마주치면 겉보기에도 핏기라고는 하나 없이 얼굴에 병색이 완연했었다. 그가 자신은 위스키 '깡술' 때문에 건강을 해쳤으니 반면교사로 삼아 그렇게 마시지 말라며 유언처럼 남겼다고 한다. 그러니 틈날 때마다 많이 걷고, 독하지 않은 술을 드시라!

오늘 풀어가는 스토리와는 관련이 없지만, 정영일 선생과의 추억담 두 가지를 덧붙인다. 그것도 1988년 그해다. 당시에 〈FM 영화음악〉이란 프로그램을 맡고 있던 내게 어느 날 정영일 선생은 "조 PD는 하루에 영화를 몇 편을 보나?" 이렇게 물었다. 순간 귀를 의심할 수밖에 없었다. 어떻게 자신이 본 영화 작품 수를 하루 단위로 셀 수 있는 것인지. 나는 그저 멋쩍게 웃으면서 "일주일에 한두 편 볼까 말까입니다"라고 답했다. 곧바로 선생은 "영화음악 프로그램 하는 사람이 매일 봐야지 그래서 되겠어"라며 무안을 주었다. 참 황당했지만, 선생이야말로 진정한 프로라는 생각이 들면서 부끄러웠던 기억이 있다.

또 한 가지는 마이클 더글러스와 글렌 클로즈가 주연했던 〈위험한 정사Fatal Attraction〉란 영화를 두고 했던 말이 생각난다.

"조 PD 결혼 안 했지? 나중에 결혼해서 바람피우더라도 절대 여자 집에 가서 자면 안 된다고. 여자는 남자가 자기 집으로 오면 그때부터 자신의 소유로 보거든, 알았지?"

그분의 주장으로는 남녀 주인공의 불륜 장소가 여자의 집만 아니었어도, 그렇게 무시무시한 치정 사건으로 번지지는 않았을 것이라는 얘기다. 이런 눈물 나도록 고마운 충고를 결혼도 안 한 20대 청년에게 해주시다니! 차라리

참한 여성이나 소개해주실 것이지.

실은 이번에 음미했던 해파랑길 막걸리 품평회를 올리려 했던 것인데 글이 길어져서 일단 줄인다. 팔도 막걸리 얘기는 내일로 순연한다.

  오늘은 어제에 이어서 강릉 2구간을 끝냈다. 해파랑길은 주로 해안으로 조성되어 있는데, 내륙 쪽으로도 길이 뻗어 있는 곳이 몇 군데 있으니 울산과 강릉이다. 다른 곳과 비교해 유난히 업-다운이 심하기도 하고, 상당한 고도까지 올라야 해서 체력적으로 부담을 느낀다.

  "이게 무슨 해파랑길이냐! 사람 골로 보내는 눈물의 깔딱 고개지!"

  해정 군과 나는 연신 절대 전해지지 않을 분노를 폭발하며 걷고 또 걸었다.

안인해변에서 오독떼기 전수관까지 15.6킬로미터, 여기서 다시 솔바람다리까지 17.2킬로미터. 솔바람다리는 남항진해변과 커피 골목으로 유명한 안목해변을 연결하는 돔 브리지Dome Bridge다.

막걸리 품평회
해파랑길 21일째

나처럼 환갑 나이라면, 어린 시절에 막걸리에 관한 추억 하나쯤은 있을 거다. 막걸리 하면 여기저기 찌그러진 양은 주전자가 먼저 떠오른다. 마실 물이나 숭늉을 담는 주전자와는 달리 막걸리를 담는 주전자는 사람들이 술에 취해 거칠게 다루거나, 싸우다가 집어 던지기도 해서 온전한 모양을 유지하기 어려웠을 것 같다. 안으로는 술을 담았고, 밖으로는 분노와 한을 상처로 담았을 터이니, 주전자는 뭔 팔자냐!

막걸리 하면 심부름이란 말이 따라붙는다. 술을 받아 오라는 아버지의 말에 찾아간 동네 구멍가게 주인은 땅에 묻어 놓은 막걸리 독에서 바가지로 퍼 주전자에 담아주었다. 그때는 그랬다. 돌아오는 길에 주전자 뚜껑에 몰래 따라 마셨다던 호기심 많은 친구 이야기와 군대 시절 꼴 보기 싫은 선임이나 고참이 막걸리 심부름까지 시켜서 주전자 안에 퉤퉤 침을 뱉고 통쾌했다는, 당사자는 시원했을지 몰라도 듣는 사람에겐 더럽기만 한 에피소드를 들려주었던 선배도 기억난다.

대학에 들어가 술을 마시기 시작한 1970년대 말부터 대충 쉰 살이 될 때까지 막걸리를 제대로 마셔본 일이 없다. 거의 소주, 맥주 또는 양주였고, 와인은 어쩌다 한 번이 고작이었다. 그러다가 어제 밝힌 "독주는 독배다. 일찍 죽지 않으려면 막걸리 같은 약한 술을 마시라"는 현인의 충고도 있고, 달짝지근한 술보다는 텁텁하고 원초적인 알코올이 주당의 본분이라는 생각이 들어서 결국 막걸리 나라로 전향서를 쓰게 된 것이다. 이쪽은 망명도 이민도 반갑게 잘 받아준다.

트레킹 중 마신 막걸리들

탁주 왕국에 새로 터를 잡고 정착한 지 10년, 내가 생각하는 맛있는 막걸리의 기준은 아래와 같다.

1. 인공감미료 맛이 나서는 안 된다. 한마디로 단맛이 거의 없을 것.
2. 목 넘김이 너무 부드럽지 않고 다소 거칠 것. 막걸리는 청주도 동동주도 아니다.
3. 누룩의 풍미가 깊을 것. 군내가 나지 않으면서도 묵은지 같은 느낌을 줘야 함. 좋은 막걸리는 송이버섯의 향이 나는 듯하다.
4. 유통기한이 짧을 것.
5. 가능한 누룩과 쌀로만 빚고, 혹 필요하다면 아주 최소한의 첨가물만 넣을 것.

이번 트레킹 여행 중에는 모두 11가지의 지역 특산 막걸리를 마셔볼 기회를 가졌다. 부산의 생탁, 울산의 태화루, 경주법주막걸리, 예천의 영탁, 포항의 영일만친구, 죽변의 미탁, 동해의 지장수, 정선 메밀막걸리, 오대산 당귀, 오대산 생막걸리, 주문진 동동주가 그것이다.

이 중에서 내가 뽑은 최고의 막걸리는 죽변의 미탁이다. 친구 중에 '늘술'이란 별명을 가진 임세환 군은 막걸리 애호가로 이번 트레킹에 사흘 동안 함께했다. 참고로, 막걸리 애호가인 그는 예천의 영탁을 지존이라 밝히며 떠났다.

그럼 최악은? 만장일치로 경주법주막걸리가 뽑혔다. 무엇보다 너무 달다. 술은 어른들의 음료다. 쓴맛이 느껴져야 술술 넘어가면 술이 아니다. 왜 술이 써야 하는지 아는가? 만약에 단맛뿐이라면 어린아이들이 그걸 훔쳐 먹고 동네 여기저기 술에 취해 널브러져 있었을 것이고, 어른들이 아무리 막으려 해도 역부족이었을 것이란 상상을 해본다. 확실히 나이에 따른 맛의 단계랄까, 미각의 변천이 있는 건 다행스러운 일이 아닌가 생각한다. 잘못해서 술잔에 입을 댔을 때 진절머리 치는 모습이 역시 어린이답다.

오늘은 짧게 걸었다. 강릉 안목항에서 사천해변까지 16.1킬로미터, 여기에 주문진항까지 10킬로미터를 더하니 26킬로미터. 어제 강행군을 한 덕택에 한결 여유가 생겼다. 앞으로는 하루 20킬로미터 전후로 걸으면 트레킹이 마감될 듯하다. 그리운 가족을 만날 날이 가까워지고 있다.

친애하는 윤종신 군
해파랑길 22일째

교복을 벗고 처음으로 만났던 너

그때가 너도 가끔 생각나니

뭐가 그렇게도 좋았었는지 우리들만 있으면

너의 집 데려다주던 길을 걸으며

수줍게 나눴던 많은 꿈

너를 지켜주겠다던 다짐 속에

그렇게 몇 해는 지나

너의 새 남자친구 얘길 들었지

나 제대하기 얼마 전

이해했던 만큼 미움도 커졌었지만

오늘 난 감사드렸어

몇 해 지나 얼핏 너를 봤을 때

누군가 널 그토록 아름답게 지켜주고 있었음을

그리고 지금 내 곁엔

나만을 믿고 있는 한 여자와

잠 못 드는 나를 달래는 오래전 그 노래만이

이문세의 〈별이 빛나는 밤에〉 PD를 하던 1994년 무렵에 나온 윤종신의 '오래전 그날'이라는 곡이다. 작곡은 O15B의 정석원, 작사는 박주연.

박주연은 원래 작사가가 아닌 가수 출신이다. 1984년 그룹 '들국화'의 최성원이 기획한 '우리 노래 전시회' 옴니버스 앨범을 통해 데뷔했다. 25세 약관의 연출자로 〈이종환의 디스크쇼〉를 맡고 있던 내가 공개방송에 출연시켰던 기억이 난다. 3년 전인가, 조동진 추모 콘서트에서 30여 년 만에 마주친 적이 있었다. 망설임 끝에 먼저 다가가 아는 체를 했으나 나를 기억하지 못해서 뻘쭘했다. 가끔 PD들은 프로그램에 나왔던 모든 출연자가 자기를 기억할 거라고 착각한다. 자기가 뭐라고 말이다.

사실 오늘 이야기의 주인공은 박주연이 아니라 가수 윤종신이다. O15B 객원가수로 출발한 윤종신은 온화한 인상과 배려심, 특유의 입담으로 일찌감치 라디오 DJ로 발탁되었다. 맨 처음 진행을 맡았던 프로그램이 1991년 MBC 라디오 〈우리는 하이틴〉이었다. 이후에 SBS 라디오 개국과 함께 밤 10시 심야방송 DJ를 맡았고, 군 제대 후 MBC 라디오로 돌아와서 〈자유지대, 2시의 데이트〉를 진행했다.

내가 윤종신 군을 높이 인정하는 이유 중 하나는 인간미가 흐른다는 거다. 이런 걸 기준으로 하는 게 좀 뭣하지만, 그는 연예인으로서는 몇 안 되는 '돈을 제대로 쓸 줄 아는' 인물이다. 30여 년의 PD 생활을 하는 동안 인기 있는 가수들 중에 밥값을 계산하는 사람을 본 일이 그다지 많지 않다. 물론 그들에게는 든든한 매니저가 따라다니니 그럴 필요가 없을지 모른다. 또 스타가 일반인을 상대하여 먹어주는 것만도 영광이지, 뭘 돈까지 내느냐 그런 생각도 갖는 것 같다. 이래저래 돈을 안 써 버릇하면서 내내 얻어먹고도 고마워하거나 미안해할 줄 모른다.

하지만 윤종신 군은 처음부터 달랐다. 음식값, 술값을 척척 냈다. DJ를 하며 샐러리맨같이 매달 급여를 받는 걸

감안한다 해도 아낌없이 베푼다는 인상을 받았다. 그는 스물아홉 살 늦은 나이에 군에 입대하게 되었을 때 연예계 생활을 하며 인연을 맺은 방송 관계자를 일일이 저녁에 초대해 대접했을 정도다.

2000년에 1년간 일본 연수를 받으며 내가 가난한 고학생(?)으로 있을 때 유희열 군과 함께 찾아와 영양 보충을 제대로 시켜준 적도 있다. 여기에 조깅화까지 선물로 안겨주었던 기억도 있다.

서울로 떠나기 전날, 도쿄의 아카사카 가라오케에서 내가 부른 노래가 바로 서두를 장식한 윤 군의 '오래전 그날'이었다. 나름 분위기를 한껏 내서 노래를 부른 내게 윤종신 군이 했던 말이 잊히지 않는다.

"형! 이 노래 잘 모르네."

내 딴에는 열심히 불렀는데……. 굴곡이 심하지 않은 멜로디의 음유시 풍 노래가 얼마나 어려운지, 윤종신이란 가수가 얼마나 뛰어난 가창 실력을 갖고 있는지를 보여주는, 아니 들려주는 곡이다.

윤종신 군은 1년간 보헤미안 집시 프로젝트로 미국 전역을

윤종신과

돌아다니다 돌아왔다. 지리산을 거쳐 설악에서 두어 달째 보내고 있다는 그를 만났다. 어찌나 반갑던지! 다음 주에는 드디어 집으로 돌아간다니, 이제까지보다 훨씬 성장한 모습을 기대해본다. 대화를 나눠보니 형 같고, 도사 같다.

오늘은 주문진항에서 죽도정까지 15킬로미터, 다시 하조대해변까지 10킬로미터를 걸었다.

세월이 더디 가게 하는 기술
해파랑길 23일째

나이가 들면 세월이 빨리 간다. 그 이유는 그날그날의 단순한 일상이 반복되기 때문이다. 새롭고 흥미로운 경험으로 충만했던 어린 시절을 생각해보면 하루가 꽤 길었던 느낌이 있다. 명화가 즐비한 미술관이나 화랑을 찾았을 때 우리는 좀처럼 작품에서 벗어나지 못하며, 그러다 보면 시간은 지체된다. 젊었을 때가 그렇다. 흥미진진한 사건들을 체험하니 매일매일이 더디게 흘러간다. 반면에 나이가 어지간히 들었다는 건 고만고만한 작품을 빠르게 휙휙 지나치듯 훑어보고 전시장을 벗어나는 것과 같다. 기억하는 것도, 감동하는 것도, 느끼는 것도 없다. 이런 것이 나이 듦의 메커니즘이 아닌가 하고 생각해보았다.

사람이 여행에 나서는 것도 시간을 더디게 쓰려는 몸부림인지도 모른다. 트레킹을 시작한 지 23일이 지났다. 만일 집에 머물러 있었더라면 아마 지금보다는 곱절로 시간이 빨리 흘렀을 것이 분명하다. 매일 같은 시간에 일어나고, 또 비슷한 메뉴로 식사를 한다. 이윽고 특정한 장소에 가서 반복적인 일을 하고 귀가해서 저녁을 먹고 잠자리에 든다.

그런데 여행은 다르다. 매일 난이도가 다른 여러 코스를 걸으며 시간을 붙들고 기억을 옭아맸다. 아름다운 경치, 낯선 사람, 익숙지 않은 음식, 묘한 냄새, 황당한 실수로 세월을 포착한다. 이런 경험을 무용담으로 떠벌리며 또 다른 추억을 덮어씌울 것이다. 오래 산다는 건 물리적 개념의 시간이 결코 아닐지 모른다. 또렷이 기억할 수 있는 소재들을 만들어 내는 일. 그래야 우리는 진정 장수를 누린다.

하조대에서 수산항까지 9.5킬로미터, 다시 설악해맞이공원까지 12.3킬로미터, 내친김에 속초해변까지 3킬로미터를 더 걸었다. 총 24.8킬로미터. 발걸음이 더욱 가벼워졌다.

37년 회사 생활의 터닝 포인트
해파랑길 24일째

비틀스의 폴 매카트니는 열여섯 살 무렵에 'When I'm Sixty Four'를 썼다. 결혼한 아내와 오래도록 함께하며 늙어가는 꿈을 일찍부터 그렸다.

When I get older and losing my hair,
Many years from now
세월이 많이 흘러서 내가 늙고, 대머리가 되어도
Will you still be sending me a Valentine
Birthday greetings, bottle of wine?

당신은 여전히 내게 밸런타인 선물을 주고,
생일엔 와인 한 병과 함께 축하해줄 건가요?
If I'd been out till quarter to three
Would you lock the door?
만일 내가 새벽 2시 45분까지도 나돌아다닌다면
문을 잠가버릴 건가요?
Will you still need me, will you still feed me
When I'm sixty-four?
내가 64살이 되어도,
나를 필요로 하고 날 먹여줄 건가요?
You'll be older too
And if you say the word
I could stay with you
당신도 함께 나이를 먹겠죠,
그리고 당신이 이 말 한마디만 해준다면
난 당신과 함께할 거예요.

새삼 느낀다. 환갑 나이엔 아내와 사이가 특히 좋아야 한다는 걸. 남자가 은퇴하면 고전적인 역할이 사라지고, 부부는 대등한 사이가 된다. 먼저 퇴직한 남자 선배들을 보면서 왠지 그분들의 확 위축된 분위기를 느끼며 놀랐다. '저 선배가 내게 함부로 대하며 상처 주던 그가 맞나?' 싶어지는 건 달라진 그들의 온화한 태도 때문이다. 말도 아주 조심스럽게 하고 '낄끼빠빠'(낄 때 끼고 빠질 때 빠지는) 원칙도 충실히 지킨다. 일이 없다 보니 자신감도 없어진 모양이다. 나도 그러려나? 그럴 때 든든하게 프라이드 지킴이로 나서주는 건 아내뿐일 거다. 내가 먼저 잘해야지.

돌이켜 보건대 회사 생활 37년 중에도 가끔 위태로운 순간은 있었다. 가장 기억에 남는 건 일본 지사장을 지내고 귀국할 무렵인 2014년 봄이 아니었을까 생각한다.

회사가 노조와 극한 대립을 벌이는 가운데 TV 예능국의 권 모 PD가 웹툰지에 자신의 부당한 발령에 대해, 유배지 운운했다는 이유로 해고될 위기에 처했다. 아무리 그래도 그렇지 입사한 지 몇 년 되지 않은 직원을 경기도 어디의 험지(실은 유배지라는 말만큼 적확한 표현은 없다!)로 귀양 보내놓고, 그것도 모자라 사형선고를 내린다? 도저히 묵과할 수 없는 일이라 생각했다. 마침 라디오 PD 후배에게서 그릇

된 인사 처분을 시정하라는 연판장에 서명할 의사가 있는지 연락이 왔고, 나는 지체 없이 사인을 해주었다.

그리고 즉시 나의 흑역사가 시작된다. 실은 당시의 사장이 PD 출신(나보다 1년 선배)에 경조사를 챙길 정도의 친밀함은 있었기에 설마 나를 수렁에 빠뜨리기야 하겠어, 하는 순진한 마음도 있었다.

그러나 일본 지사장 일을 마치고 귀국할 즈음 라디오본부로 돌아올 길이 막혔음을 알게 되었다. 거의 모든 부문 모든 부서로부터 배척당해서 한동안 '회사를 그만둬야 하는 게 아닌가' 하는 좌절감에 빠지게 되었다. 우여곡절 끝에 그나마 겨우 한자리 얻어간 곳이 '미래방송연구소'였다. 막상 가보니 '미래' 방송이라는 타이틀에 결코 어울리지 않는 늙다리 방송장이들이 가득 모여 있는 곳이었다. 이렇게 빈둥거리며 잉여인간으로 있다가 퇴직하게 되는구나 하는 생각에 참으로 서글펐다. 하지만 인간 세상, 언제 양지가 음지 될지 모르고, 누가 〈싱 어게인〉 '30호'처럼 화려하게 재기할지 모르는 일(이 여행기를 수정하던 때가 마침 모 종편에서 〈싱 어게인〉을 내보내고 있어서 예로 들어봤다). 이후 3년 사이에 MBC는 안 모 사장에 이어서, 김 모 사장까지 물러나서 나는 다시 라디오본부로 복귀할 수 있었다. 4년여 만의 귀향을 반겨준 후배들이 고마웠다. 하지만 무엇보다 PD로서 커리어를 마무리할 수 있게 되어 행복했다.

라디오국의 부국장으로 지내던 어느 날 개편 회의 중에 내가 한마디 했다.

"앞으로 라디오 심야방송은 좀 더 특화된 장르나 세분화시킨 콘텐츠로 나아가야 하지 않나. 이를테면 '비틀스' 음악만 주야장천 튼다든지……."

이 얘기를 듣고 비틀스면 괜찮겠다고 모두 동의를 했다.

"그럼 DJ를 누구로 하지요?"

"내가 하지 뭐."

"작가는?"

"까짓것 그것도 내가 쓰지 뭐."

나는 이번 기회에 최소한의 스태프, 실질적으로 1인 제작 시스템을 가동해보자 제안했고, 그것이 받아들여져서 〈조 PD의 비틀스 라디오〉가 탄생. 운이 좋았던지, 2018년에는 방송대상 음악 부문도 수상했으니 PD 생활을 잘 마무리할 수 있었다.

이제 사나흘이면 트레킹이 끝난다. 해파랑길도 회사 생활만큼 오래 버텼다. 며칠 빠지는 한 달이라는 시간이 결코 37년의 길이보다 짧거나 가볍게 느껴지지 않는다. 마무리를 위해 내일은 또 고성을 향해 걷자!

동양화의 핵심 포인트는 여백. 한국화의 배경이 된 동해안 트레킹을 하면서 한 번의 쉼표도 없이 코스를 끝낸다는 건 여백 없이 가득 채운 동양화를 그리는 것과 같지 않겠나. 그래서 실은 오늘 쉬었다. 대신에 설악산 신선대에도 가고, 친구들과 당구 게임도 즐기고, 음주 후 일찍 잠을 청했다.

나뭇잎 사이로
해파랑길 25일째

'주문진'의 한자는 注文津이다. 물건을 주문한다고 할 때 쓰는 바로 그 글자다. 함경도와 강원도, 경상도를 잇는 물류항으로 유명해서 붙여진 이름이다. 말 그대로 주문한 물건이 머무는 곳이다. 속초는 束草라고 쓰는데, 묶음 풀이란 뜻. 호수가 많고 풀이 무더기로 자라서 그렇단다. 이름의 유래가 몹시 궁금했던 지명으로는 '아야진'이란 곳이 있다. 엄살 심한 사람들이 살아서 조금만 건드려도 아야! 아야! 했기 때문에 그런 것인가 아재개그 소재로 삼을 만한 지명이다. 실은 근처의 산 모양이 한자의 山이 아니라

也(야)처럼 생겨서, 우리我의 야也란 뜻으로 붙여졌다고 한다. 동해안 곳곳의 지명에 얽힌 스토리가 흥미로웠다.

속초를 벗어나기 전에, 아내와 신혼 초에 여행 왔던 기억을 떠올려본다. 1989년 10월이었으니 31년 전의 일. 조동진을 나보다 더 좋아하던 아내였지만 질투가 나지 않은 건 나도 그만큼 그에게 매력을 느꼈고 자주 노래를 듣고 불렀기 때문이다. 비선대로 가는 외설악은 나무 단풍보다는 사람 단풍이 더욱 화려하고 알록달록했다. 지나다니는 인파가 방해를 해서, 사진 촬영을 위해 다정한 포즈 한번 제대로 취할 틈이 없었다. 나중에 현상을 하고 보니 과연 어떤 사진은 낯선 이가 내 얼굴을 가리고 있을 정도였다. 당시에 유행하던 고두심 주연의 TV 드라마 〈사랑의 굴레〉의 대사로 표현하자면, "사진 찍는데 좀 비켜주지, 잘났어 정말!"이라고 할까. 속초 시내로 들어와 시장 구경을 하느라 기웃거리는데, 라디오 리포터가 우리에게 다가와 말을 건넸다.

"가을이면 생각나는 노래가 있으신가요?"

아내가 대뜸 답했다.

"조동진의 '나뭇잎 사이로'입니다."

그보다 5년 전인 1984년 가을, 내가 연출을 맡은 〈이종환의 디스크 쇼〉에 매주 일요일 밤 공개방송이 편성됐다. 많은 라디오 키드들이 이택림, 이문세 등이 자주 나와 토크로 무대를 휘저었던 〈FM 스페셜 공개방송〉을 기억할 것이다. 그런데 실은 이를 기획한 부장님의 의도는 이와 다른 것이었다. 교회 성가대 지휘자 출신이었던 그는 오래전부터 방청객이 출연자와 함께 합창을 하는 공개방송 포맷을 꼭 만들고 싶어 했다. 그래서 일단 일요일 밤 1시간짜리라도 편성을 했던 거다. 그러나 이러한 포맷을 이종환 선배가 좋아했을 리 만무, 아니 라이브 자체를 몹시 성가셔 했다.

9월 말 개편 첫 일요일. 합창, 초대 가수, 일반 게스트 뭐 그런 소재들을 버무려서 첫날 방송은 무사히 끝낸 것 같다. 당시에 출연한 유명인 중 LA 올림픽 레슬링 금메달리스트 '안병근'이 기억난다. 그런데 방송이 회를 거듭하다 보니 예상외로 반응이 폭발적이었다. 심지어는 월요일이면 거리에서 마주치는 젊은이들이 "이문세가 얼굴이 길어 TV 화면에 잘렸다"는 둥, "이종환은 코가 커서 브라운관 밖으로 나왔다"는 둥, 방송에 나왔던 그런 시시껄렁한 농담에 대해 이야기하는 모습을 자주 접했다. 그러는 사이에 1시간이 자연스럽게 2시간이 되었고, 그렇게 일요일은 오롯이 공개로 꾸미게 되었다.

정작 내가 〈FM 스페셜 공개방송〉을 정말 좋아했던 가장 큰 이유는 청취자의 사랑을 듬뿍 받고 피드백이 훌륭했기 때문만은 아니었다. 학창 시절에 좋아했던 가요계 스타들이 섭외 전화만 하면 대부분 출연에 응해주었기 때문이다. 송창식, 양희은, 김세환, 해바라기, 이정선, 양병집, 이태원, 정태춘, 어니언스의 임창제, 한마음 등등 포크 가수 위주로 섭외를 했다. 솔직히 이런 아티스트들과의 전화 통화만으로도 영광이었던지라, 섭외를 하면서 항상 부담을 느꼈다. 그러니 출연 날짜와 시간이 결정되면 푸우 한숨이 새어나오곤 했다. 아드레날린과 엔도르핀이 시차로 분비되는 과정이 이런 것이리라.

그중에서 가장 어렵게 섭외했던 아티스트가 조동진이 아니었나 싶다. 글쎄, 그는 스케줄을 관리하는 매니저도 없어 통화 자체가 힘들었는데 '종환이 형님'을 팔아 섭외에 성공할 수 있었다. 워낙 말수가 적은 편이고, 36년 전의 일이라 공개방송에 나와서 했던 인터뷰는 거의 생각이 나지 않지만, 한 가지 기억만은 또렷하다.

    이종환 : 조동진 씨는 취미가 뭔가요?
    조동진 : 네, 저는 낚시를 좋아합니다.
    이종환 : 고기를 좀 잡으십니까?
    조동진 : 거의 못 잡습니다.
    이종환 : 아니, 왜죠? 낚시 실력이 모자란가요?
    조동진 : 고기가 잘 잡히는 곳은 사람이 많이 몰립니다.
             저는 사람이 없는 곳만 찾아다니거든요.

이 짧은 대담으로 그의 성격을 알 수 있을 것 같다. 36년 전, 공개방송에서 딱 한 번 본 조동진을 밀레니엄이 시작되기 전인 1999년, 예술의전당 토월극장의 콘서트에서 재회했다. 다시 만났다니 뭐 반갑게 인사를 나눴다고 오해하지 마시라, 그냥 공연을 본 것뿐이다.

그의 부인이 세상을 떠났다는 소식을 여러 해 전에 들어 알고 있었고, 2017년에는 본인이 암 투병 중에도 공연 준비에 힘을 쏟고 있다는 소식이 들려왔다. 그를 좋아하는 아내와 더불어 나도 큰 기대를 가지고 공연을 기다렸다. 그런데 공연을 얼마 앞두고, 그의 부고를 들었다. 고인의 명복을 빈다.

이제 속초와 더불어 조동진과의 추억을 벗어나 고성으로 들어섰다. 남은 거리는 60킬로미터 남짓이지만, 통일전망대까지의 보행 금지 구간을 따지면 50킬로미터가 채 안 남은 듯하다.

  가능한 한 짐을 가볍게 하기 위해 애초에 10킬로그램 이내로 무게를 줄였다. 그런데 그마저도 날이 갈수록 부담이 되었다. 나는 다리는 튼튼한데 아무래도 어깨 쪽이 약한가 보다. 여행을 시작하고 일주일이 지난 후 첫 번째 결단을 내려, 편의점 택배 상자에 옷가지와 각종 액세서리를 담으니 가득 찼다. 하기야 풍류 음객 해정 군은 그 무거운 노래책까지 가지고 왔으니 말 다했지. 일주일 후에 또다시 그만큼의 짐을 집으로 부쳤다. 이제 남은 건 여벌 팬티 하나와 얇은 잠옷 위아래, 예비 양말 한 켤레가 전부다. 단벌 바지는 딱 한 번 빨아 밤사이 말려서 다시 입었다. 스포츠티, 패딩 등은 그냥 옷걸이에 걸어놨다가 다시 걸치고 나오기를 반복했다. 이렇게 청결 위주에서 실용 위주로 바뀌면서 깨달은 점이 있다.

첫째, 사람들이 쓸데없이 물질에 너무 매달린다는 점. 삶에 필요한 건 그저 옷가지 한 벌과 신발 한 켤레면 족하다. 실제로 30~40년 전만 해도, 학생복 두세 벌로 한 해를 버티던 시절이 있지 않았던가. 그러니 물건에 대한 집착을 버리자! 미니멀리즘을 실천하라!

둘째, 지나치게 깨끗하게 산다. 세탁은 공해 유발의 주범. 위생상 문제가 없으니 좀 털털하게 살아보자!

확실히 정산을 해본 것은 아니지만, 국내 트레킹 여행 경비는 아주 저렴한 편이다. 두 명이 함께 다닌다면 1인당 하루 4~5만 원으로 족하다. 숙박비 2만 원, 식대 7~8천 원 잡으면 된다. 음주파라면 술값을 별도로 잡아야겠지만, 매일 30킬로미터씩 걷다 보니 술이 마냥 당기지는 않는다.

서울에서 동창 넷이 응원 왔다. 이광태, 홍영진, 한상돈,

김도윤 군이다. 여기에 청주에서 사업을 하는 또 다른 동창 김용현 군이 합류하여 아야진까지 함께 걸어주었다. 아무리 많이 걸어도 살은 안 빠진다. 이들이 베풀어준 산해진미와 진수성찬, 아니 주지육림 덕분. 정말 막판에는 트레킹 마치고 집으로 돌아가기 전에 사나흘 정도는 굶어야 하는 거 아닌가 농담까지 나눴다. 그렇지 않고선 가족들에게 애쓰셨네 하는 '연민의 정'을 부상으로 수여받기 어려울 것 같다. 얼굴이 뽀얗게 영양 상태가 좋아서 돌아가면, '고생하러 간 줄 알았더니 호강하고 오셨네' 하면서 실실 웃지 않을까. 왠지 그럼 섭섭할 것만 같다. 잠도 못 자고 노력해서 일류 대학에 들어갔다는 것과 부모 잘 만나서 고액 과외로 입학했다는 것과는 근본적으로 차이가 있으니 말이다. 칼로리 보충시켜준다고 찾아온 친구들의 우정은 아름답지만, 그들은 때로 '웬수'처럼 보인다. 그들이 베풀어주는 화려한 잔칫상과 이 용솟음치는 식탐은 또 어찌하리.

오늘은 좀 여유 있게 걸었다. 속초 대포항에서 동명항을 거쳐 영랑호를 한 바퀴 돌았다(17킬로미터). 다시 장사항에서 아야진까지 8킬로미터, 도합 25킬로미터.

나에 대해 알게 된 사실
해파랑길 26일째

이제 도보 거리는 26킬로미터쯤 남았다. 내일 하루는 걷고, 모레는 차편으로 이동해 통일전망대에서 인증서를 받으면 모든 일정이 끝난다.

이번 여행을 통해서 내가 나에 대해서 새롭게 느꼈거나 알게 된 사실이 몇 가지 있다. 내게는 사람과 대화를 할 때, "맞아!" "그래!" 하며 맞장구를 쳐주기보다는, "아니야" "그걸 어떻게 알아" 따위의 부정적인 대꾸로 상대를 머쓱하게 만드는 나쁜 버릇이 있다. 해정 군이 "내가 말할 때 제발 '그렇다'고 좀 해줘"라고 자주 부탁할 정도였으니까. 그만큼 옳고 그름에 대해 확증 편향이 있다는 증거. 왜 공감을 원하는 사람에게 이질감을 주려 하지?

나는 알코올 의존증이 심한 게 아닌가 싶다. 25일을 지내면서 술을 안 마신 날이 딱 하루. 술을 먼저 주문하는 것도 대부분 나였다. 아침마다 오늘은 마시지 말자고 약속하고 맹세를 해도, 나 때문에 번번이 깨지곤 했다. 걷기가 알코올 분해를 활발히 하고, 신체의 회복탄력성을 획기적으로 높여주었던 지난 한 달은 예외라 치자. 이제 곧 일상으로 돌아가는 만큼 음주량을 크게 줄여야 할 듯하다. 몇 년 전부터 1년에 2개월씩은 꼭 간헐적 금주를 실천하고 있지만 3개월로 늘려서 매년 1월, 5월, 9월은 '술 없는 달'로 해야겠다.

지금의 내 몸은 걷기에 최적화되어 있다. 30킬로미터 이상씩 매일 걸어도 몸이 힘든 줄을 모른다. 아무리 피곤해 쓰러져 자도 아침에 일어나면 완벽하게 회복되어 있다. 발가락이나 발바닥에 물집 잡히고, 헌데가 생기고, 피멍이 들고, 근막이 손상되는 등등의 증상은 나와는 무관해 보인다. 관절에 이상이 느껴진다거나 어떤 다리 근육 통증도 생기지 않으니, 난 천하무적의 하체를 가졌나 보다. 대신 상체는 도처유적到處有敵, 도처에 적이 있는 약골. 턱걸이는 제대로 한 적이 한 번도 없다. 집에 돌아가면 상체의 근력 운동을 시작해야겠다.

나는 아는 체하기를 지나치게 좋아한다. 해정 군이 자주 그런다. "페이스북에 쓴 네 글을 보면, 잘난 척 일색이야." "뭘 그리 많이 안다고 그러니! 그냥 간단히 써라." 맞는 말이다. 그러고 보면, 나는 누군가 내게 무식하다고 하면, 그 말이 제일 듣기 싫다. 그 말인즉, 나의 무식이 탄로 나서 여러 번 망신당했다는 증거다, 아니 그걸 망신으로 생각했다는 방증이다. 모를 수도 있고 틀릴 수도 있지, 왜 콤플렉스를 심하게 느끼는 건가. 모양 빠지게.

나는 의외로 욕을 잘한다. 특히 이번에 한 달 걷기를 하는 동안 욕할 일이 자주 있었다. 간선도로의 갓길을 걷고 있을 때였다. 승용차야 그렇다 치고 20톤 대형 트럭이 바짝 접근해 시속 100킬로미터 이상으로 달릴 때는 큰 위협을 느꼈다. 조금만 속도를 줄여주면 좋으련만, 오히려 가속 페달을 더 밟는 것 같다. 그 즉시 내 입에서는 "저 이 개××, 쓰바, S노무스키" 같은 욕이 튀어나왔다. 타고난 욕쟁이인 해정 군과 함께 스테레오로 욕을 퍼부을 때면 난폭 운전으로 목숨을 위협당해서 생긴 긴장이 풀린다.

하지만 그런 날들이 여러 번 반복되다 보니 욕이 입에 붙고 말았다. 돌부리에 걸려 휘청 넘어질 뻔했을 때도, "된장, 이런 피씨방 같은" 이런 말들이 저절로 자연스럽게 나오는 거다. 그럴 때 옆에서 걷고 있던 해정 군은 "해파랑길이 네 입만 걸게 했네. 나중에 네 집사람이 어디서 그런 욕을 배웠냐 물으면 절대 내 이름 대지 마라" 한다.

가만히 생각해보면 나이 환갑에 야쿠자들이나 쓰는 욕을 내뱉는 건 아무래도 좋게 보이지 않을 것이다. 사람을 향해 욕하는 대신에 걱정이나 개탄을 하는 편이 확실히 환갑 어른의 태도가 아닐까 반성했다.

"친구야! 이제 욕은 버리고 탄식이나 한탄을 날려보자꾸나. 아니면 내 팔자야! 신세타령이라도."

나는 정말 소중하게 대해 줘야 할 가족을 결정적인 순간에

소홀히 대한다. 가족과의 스케줄은 자주 일에 밀리고, 친구나 지인들과의 관계에 밀린다.

아내가 그런다. 당신이 틈만 나면 제일 중요하다고 말하는 가족이 설 자리는 어디에 있지?

아내를 만나 가정을 꾸린 지 30년이 넘었다. 달라질 때가 되었다. 늦지 않았다면, 후회할 거리를 더 짓기 전에 가족에게 증명해 보여야겠다. 정말 내게 제일 중요한 것은 가족이라는 것을, 가장 소중하게 여기고 있다는 것을.

해파랑길을 걷는 일은 나 자신에 대해 새삼 많은 것을 생각하고 알게 해주었다. 무슨 더 큰 의미를 깨닫길 바랄 것인가.

드디어 트레킹 종료
해파랑길 27일째

해파랑길 걷기 코스는 오늘로써 대단원의 막을 내렸다. 아침에 동호리 노인회관을 출발, 북천철교, 반암해변을 거쳐 거진항까지 15킬로미터를 걸었다. 이후에 통일안보공원까지 12.3킬로미터를 단숨에 돌파하니, 49구간까지 완성.

마지막 50구간은 10킬로미터로 되어 있는데, 자동차로 이동해도 인정된다. 다만 그 절반인 통일안보공원에서 제진 검문소까지 5킬로미터의 산길은 트레킹이 가능하지만 의무 사항은 아니다. 나머지 반은 민통선 안쪽이라 신청서

작성 후 차량 이동만 허락된다.

하지만 우리가 누군가! 우직한 원리주의자 혹은 교조주의자에 가까운 우리 두 사람이 아닌가. 우리는 걸을 수 있을 때까지 걷자고 의견을 모았다. 민통선 아래 군부대까지 5킬로미터의 산길을 강행군하였고, 드디어 770킬로미터 중에서 765킬로미터를 끝냈다. 이제 내일 통일전망대에서 인증서를 받고 기념촬영을 하면 모든 일정이 끝난다.

돌이켜 보건대, 지난 27일간은 새롭고 색다른 경험이었다. 가족과 한 달 가까이 떨어져 지냈던 건 2001년 일본 연수 이래 처음이다. 1년간 함께 지내다 아이들의 학교 일정에 맞추느라 가족이 먼저 귀국하게 되어 한 달간 홀로 지내야 했다. 그 시간에 나는 일본 주요 지역을 배낭여행으로 둘러볼 기회를 가졌다. 당시 교통수단은 기차여서 지금처럼 자신과의 싸움이라 할 경지까지는 아니었다. 물론 스스로를 대견해할 일도 없었다.

열흘 전쯤 응원 왔던 친구 하나가 그랬다.

"네팔 쪽으로 한 달 동안 히말라야 베이스캠프를 다녀오고 난 후에, 앞으로 뭔 일을 해도 잘할 수 있을 거란 자신 감이 생기더라."

글쎄, 회사를 막 그만두는 나로서는 구체적인 계획을 가지고 있는 것도 아니고, 섣부른 자신감이 뭔 도움이 될까 싶다. 괜스레 엉뚱한 일을 벌였다가 실패하면 그 자신감이란 것이 곧바로 패배감이나 열등감으로 바뀔 테다.

이번 트레킹에서 얻은 게 있다면, 사람은 어떤 상황에서도 살아갈 수 있다는 것, 사는 방식은 모두 다르며 남과 비교해서는 안 된다는 깨달음이다. 또 비교적 긴 여행, 조건이 열악한 여행은 스스로를 돌아보거나, 자신의 본모습을 발견할 기회를 준다. 세상에 대해 겸허해야 함을, 인간에 대해서 겸손해야 함을 가르쳐준다.

우리는 평소에 너무나 많은 사람을 만나느라 정작 '내가 누구인가?'에 대해 생각할 겨를이 없다. 자기 자신에 대해 생각할 기회를 주는 게 여행이 아닐까 싶다. 다만 호화 여행은 해당되지 않는다!

앞으로도 난 이런 여행을 꽤 자주 하려고 한다. 다만 한 달

씩은 힘들 것 같고, 길어야 2주로 끝내거나 며칠 단위로 끊어서 몇 개월 혹은 1년 완결의 방식을 취할지 모르겠다. 물론 여행의 기본은 걷기다.

집으로 돌아간 후에도 10년쯤은 하루 1만 5,000보를 찍었던 지금까지보다 훨씬 더 걸을 것 같다. 건강을 지키고, 세상에 대한 호기심을 잃지 않게 하며, 음식을 더 맛있게 해주는 '걷기'를 모두에게 추천한다.

해파랑길 일정을 정리하며

어제 28일 만에 집에 돌아왔다. 코로나 시국을 지나면서 다들 "일상에서 기적을 바라지만, 실은 일상이 기적이었다"라고 말한다. '기적'을 '꿈'으로 바꾸어 본다. '일상에서 꿈을 꾸지만, 실은 일상이 꿈이었다.' 이것도 그럴듯해 보인다.

여행은 일종의 꿈이다. 계획하고 실천하고 결국엔 이루는 과정이다. 하지만 꿈을 실현하기 위해 긴 일정이 반드시 필요한 건 아니다. 이제는 돌아왔으니 일상의 자잘한 꿈을 이루어가야겠다. 은퇴 후 가족과 잘 지내는 꿈, 매일매일 의미 있는 일을 하는 꿈, 사람들을 기쁘게 하고 나도 즐거워지는 꿈. 그리고 다시 심심해지면 긴 여행에 나서볼까.

동해를 따라 1,500리 넘게 걸으면서, 바다에 면한 멋진 경치를 실컷 감상했다. 서울의 경우, 한강이 보이는 아파트와 그렇지 않은 아파트의 가격 차이가 엄청나다고 들었다. 탁 트인 바다, 좌우로 조금만 눈을 돌리면 그냥 보는 것만으로도 치유가 되는 기암과 소나무, 이런 해세권海勢圈의 가격은 얼마나 될까.

하지만 현실에는 다른 점도 엄연히 존재한다. 전망 좋은 몇몇 곳에 카페가 들어서기도 하지만, 어촌 마을은 점점 비어 간다. 바다에 면한 주택이라도 20퍼센트쯤은 빈집이다. 산이나 구릉 쪽이라면 30~40퍼센트로 수치가 올라간다. 함께 트레킹을 한 해정 군은 동물적 감각이 뛰어나다. 아니 '신기神氣'가 흐른다. 가옥의 외견만 보고도 박수무당처럼 콕 집어 말한다.

"기왓장 여럿이 내려앉았으니, 노부부가 돌아가신 지 3년은 됐겠군." "외관은 깨끗하지만 풀이 무성한 걸 보니 1년 전쯤에 할머니가 가셨겠고." "여기는 신발이 한 켤레

있네. 독거노인일세."

 이렇게 몇 년이 또 지나면 동해안 어촌에는 사람이 얼마나 남을까 걱정스럽다. 게다가 사람이 살지 않으면 집은 폐가가 되고, 다시 흉가가 되는 게 수순이다. 여기저기서 기괴한 표정의 사람들이 영화 〈곡성〉에 나오는 대사인 "뭣이 중헌디?"를 외치며 나타날 것 같은 분위기라면 곤란하지 않을까.

동해안 쓰레기 문제는 정말 심각하다. 지난 태풍에 입은 피해가 덜 복구된 탓인지 부서지고 무너진 가옥과 함께 살림살이들이 너저분하게 방치되어 있었다. 페트병, 폐비닐, 플라스틱 용기, 커피 등을 담는 일회용 음료잔, 수거가 안 된 폐그물 등 각종 어구가 여행객의 눈살을 찌푸리게 한다. 도로변에는 차창 밖으로 던졌을 게 분명한 음식 쓰레기들이 비닐봉지에 고스란히 담긴 채 널브러져 있다. "이런 잡것들!" 소리가 절로 나온다. 국가나 지자체가 나서서 대대적으로 '어촌 마을 재생 운동'을 벌여야 할 판이다. 주택을 정비하거나 철거해서 녹지화해야 한다. 쓰레기를 치우고, 다시 쌓이지 않도록 아이디어를 짜야 한다. 아름다운 동해안 어촌의 지속 가능한 발전을 위하여 다들 노력해 주었으면 한다.

이제 곧 연말이다. 방송사마다 연기대상, 연예대상 행사가 벌어지겠지? 비대면으로 디폴트 된 금년에는 어떻게 진행할지, 담당 제작진들 고민이 이만저만 아니겠다.

　이렇게 한 해를 결산하는 각종 이벤트가 열리는 때에 맞춰 해파랑길 걷기를 마무리하는 기념으로 해보았다. 각 부문의 대상? 혹은 후보에 오를 만한 것들을 소개한다. 먼저 천하 절경 부문이다. 동해안은 공장 지대를 빼놓고는 대부분 끝내주는 경치다. 하지만 굳이 몇 곳을 꼽으라면, 다음과 같다.

1. 오륙도에서 광안해변로에 이르는 이기대공원 해안 산책로
2. 해동용궁사
3. 간절곶
4. 삼척 용화해변 말굽재
5. 강릉 경포대
6. 주문진 소돌항

왼쪽 위부터 시계 방향으로
이기대공원 해안 산책로
해동용궁사
간절곶
삼척 용화 해변 말굽재

위, 강릉 경포대
아래, 주문진 소돌항

鷹
峰
해발122m

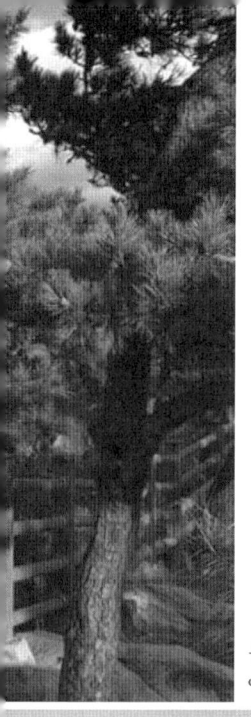

위. 양양 하조대
아래. 응봉에서 본 화진포

7. 양양 하조대
8. 응봉에서 본 화진포

노미네이트는 이렇게…… 수상은 화진포!

다음은 먼저 중간 집계를 냈던 해파랑길 노래 베스트 부문이다. 걸으면서 어떤 노래를 많이 불렀나 하는 것.

1. 가는 세월 – 서유석
2. 당신은 모르실 거야 – 혜은이
3. 조약돌 – 박상규
4. 고향역 – 나훈아
5. 굳세어라 금순아 – 현인

이런 노미네이트 작 중에 으뜸은 '가는 세월'이었다. 여행기를 처음부터 꼼꼼히 읽은 사람은, 먼저 소개되었던 차트와 순위가 바뀌었다고 고개를 갸우뚱할는지 모르겠다. 처음에는 '박상규'의 '조약돌'이 앞서갔는데 '서유석'의 '가는 세월'에 추월당했다. 특히 해정 군과 안성기, 서유석을 흉내 내는 영상을 페이스북에 올리고부터는 '가는 세월'의 독주 체제가 이어졌다.

여행을 끝내고 돌아온 지 닷새가 지났다.
  해정 군의 표현대로, '깊은 꿈을 꾸고 일어난 기분'이다. 나이가 들면 최근에 경험한 일일수록 희미해진다. 치매란 과거의 기억을 잡아먹는 게 아니라 요즘 기억부터 꿀꺽 삼켜 나간다. 마치 활어만 공격하는 상어 같은 존재다. 내가 치매에 걸렸다는 게 아니라, 나도 그만큼 기억들이 옅어지고 있다는 느낌을 자주 갖는다.
  집에 돌아와 그동안 모니터를 못 했던, 내가 DJ를 맡고 있는 방송 〈조PD의 레트로팝스〉 몇 편을 들어보았다. 달포 전에 녹음한 오프닝부터가 낯설었다. 그런 원고를 썼었는지 기억이 가물거린다. 주절주절 이어가는 방송 멘트는 더 신기하다. 내가 아닌 도플갱어의 목소리인가 의심이 들 정도다.
  이렇게 나이를 먹으며 스스로를 잃어갈지 모른다. 앞으로의 내 삶은 '추억을 만들어 내는 과정이 아니라, 매 순간의 기쁨과 만족을 향유하는 일'이어야 한다. 어차피 다 잊을 일이니까. 슬퍼지기는 하지만, 그것이 현실이다.

걷는 즐거움은 대체재가 마땅치 않다. 그냥 다시 걸어야 하나 보다. 또다시 달력을 들여다보고, 지도를 탐색한다. 이번에는 어디로 갈까?

마치면서

남아 있는 시간을 위하여

요즘 유튜브나 팟캐스트 등 새로운 개념의 방송이 많아졌다. 지상파 PD 출신이라면 은퇴 이후에도 얼마든지 뉴미디어 쪽으로 자신의 커리어를 이어나갈 수도 있게 되었다. 나 역시 주변에서 그런 제안을 꽤 받는다. 하지만 제일 하고 싶었던 일은, 내 이름으로 단행본을 우선 내는 것이었다. 30여 년 PD 생활을 하면서, 재미있는 대중음악 해설서 하나쯤 써보고 싶었다. 책을 통해서만 느낄 수 있는 '물성'이랄까, 텍스트에 흐르는 도도한 프라이드 내지는 품위 같은 게 부러웠다. "현역일 때에 써야지, 그만두고 나면 책

내주겠다고 나서는 사람도 없어.""아무래도 PD랍시고 자리에 있어야 관심을 가져주지 않겠어?" 주변인들로부터도 이런 독려의 말을 듣기도 했지만, 몸이 생각만큼 따라주지 않았다.

2020년 11월 방송사 가을 개편을 맞아 진행하고 있던 심야 음악 프로그램을 내려놓았다. 정년퇴직도 2개월밖에 남지 않게 됐다. 쉬지 않고 일해왔던 나에게 남겨진 일은 쉬는 일뿐이다.

솔직히 좀 무섭고 겁도 났다. 무無의 시간, 백지의 공간에 뭐라도 채워야 할 것 같았다. 봄에 계획했으나 코로나19로 무산된 산티아고 순례길 여행에 대체할 프로그램을 서둘러 찾아보았다.

동해안 해파랑길 770킬로미터. 거리도 적당하고, 1개월 가까이 소요되는 시간도 마음에 들었다. 그래, 여행길에 내 그동안의 인생이 어땠는지 복기하고 반추하고, 의미를 부여해보자. 그런데 그곳에 다녀오면 내가 염원했던 책 쓰기에 들어갈 수 있을까 의구심이 생겼다.

그때 문득 트레킹을 하면서 그날그날의 '여행기를 써보

자!' 하는 마음이 들었다. 여행을 떠나기 얼마 전에 집어 든 장강명의 《책 그게 뭐라고》에 보니 저자가 일주일 동안 아내와 다녀왔던 여행기를 책 한 권으로 냈다며, 스스로 빼어난 스토리텔러라고 자랑하는 내용이 들어 있었다. 그 전에 읽은 김영하의 수필집 《여행의 이유》에는 그 한 권을 쓰기 위해 작가가 체험한 중국 여행 기간은 현지에서 추방당하기까지의 단 하루였다. 그 책은 여행 길라잡이가 아니라 인생 해설서였으니, 나라고 쓰지 못할 이유가 없다는 생각이 들었다. 다만 노트북이나 태블릿을 가지고 가는 게 아니라(등짐이 무거워서 못 걷는다!) 스마트폰에 엄지손가락으로 기록해야 하는 단점은 있을 것이지만, 되는대로 기록해 보자고 다짐했다.

나는 10년여 전부터 직접 DJ를 맡아 MBC 라디오 〈조PD의 새벽다방〉, 〈비틀스 라디오〉나 〈레트로 팝스〉의 오프닝 멘트를 직접 써 왔다. 거기에 필요한 음악 원고, 브리지 원고도 꾸준히 기록해 왔다. 어느 정도 스펙은 갖춰졌다고 스스로 위안하는 이유다.

  가끔 미디어 쪽 입사 희망자를 대상으로 가이드 교육을

했던 때가 있었다. 이때 강조하는 말이 있다. 방송사든 신문사든 굳이 한 가지 스펙만 갖춰야 한다면 그건 글쓰기다.

글을 어렵게 쓰는 건, 스스로 내용 파악이 안 되어 있어서다. 잘 쓰는 사람은 어렵게 쓰지 않는다. 어떻게 하면 글을 잘 쓰느냐? 책을 많이 읽은 사람? 논리적인 사람? 아니다! 많이 써본 사람이 가장 고수가 된다.

평상시에 이렇게 떠들고 다니던 나였으니, 그동안 했던 대로 기본만 지키고 쉽게 쓰면 독자들에게 어느 정도 공감을 얻을 수 있지 않을까 기대해 본다.

770km를 함께 걸은 최고의 동반자 이해정 군, 두 번씩이나 찾아와 여섯 구간 이상을 함께해준 임세환 군, 먼 길을 마다 않고 음식을 바리바리 싸 들고 와서 체력 유지에 힘써준 임두현 군, 속초와 고성 마무리 구간을 전폭 지원해준 김군호·김연식·안장혁 친구, 1박 2일을 지내준 이강용·안재성·이좌근·진익주·이광태·홍영진·김도윤·한상돈·김용현·홍종철·최석기 군들과 출정식에 와준 이세원·박석원·함종만·임경학·조양연 친구, 19회 후배 송천한 군, 가요계에 또다시 우뚝 설 매니저 최승호 군, 동해시의 전

하은 화백, MBC 예능본부 노창곡 후배와 해파랑길 선배이자 대학 동창인 김익래 군, 가수 윤종신 군 등에 깊은 감사를 보내며, 이름이 등장하지 않은 경희고 17회 동창들, 50플러스 인생학교 중부 5기 동기생들에게 고마움을 표한다. 누구보다 사랑하는 나의 아내 은경과 딸 은비, 아들 용하에게도 고마운 마음을 전한다.

퇴직, 일단 걸었습니다

초판 1쇄 발행 2021년 9월 11일
초판 2쇄 발행 2021년 10월 27일

지은이   조정선
펴낸이   차은선
디자인   하민우

펴낸곳   도서출판 수다
출판등록   2005년 10월 12일 제313-2005-000220호
주소   서울시 마포구 월드컵북로5길 54-14 301호
전화번호   02-6403-3739
이메일   suda333@naver.com

copyright ⓒ 조정선
이 책은 저작권법에 따라 보호받는 저작물이므로 무단 전재 및 무단 복제를 금하며, 이 책의 내용 전부 또는 일부를 이용하려면 저작권자와 도서출판 수다의 동의가 있어야 합니다.

ISBN 978-89-9683126-6 03810

* 잘못 만들어진 책은 구입하신 서점에서 바꾸어 드립니다.